Monika Strobl

NOTEN LERNEN
IN DER GRUNDSCHULE
SPIELERISCH UND KINDGERECHT

Ein Notenlehrgang mit Kopiervorlagen, auch für Fachfremde

Verlag an der Ruhr

IMPRESSUM

Titel
Noten lernen in der Grundschule – spielerisch und kindgerecht
Ein Notenlehrgang mit Kopiervorlagen – auch für Fachfremde

Autorin
Monika Strobl

Titelbildmotive und Motive im Innenteil (wenn nicht anders angegeben)
Notenwelle, Noten mit Seitenzahl: © sissoupitch – Fotolia.com,
Instrumente: © Infinity Nostalgia – Fotolia.com

Druck
Heenemann GmbH & Co. KG, Berlin, DE

Verlag an der Ruhr
Mülheim an der Ruhr
www.verlagruhr.de

Geeignet für die Klassen 2–4

ISBN 978-3-8346-4172-4

INHALT

VORWORT

Bei diesem Notenlernkurs für Kinder steht eines ganz deutlich im Vordergrund: die Freude und der Spaß am Notenlernen. Mit den zahlreichen Kopiervorlagen werden die Schülerinnen und Schüler behutsam und Schritt für Schritt an die Tonleiter herangeführt, sie lernen die Werte von Noten und Pausen kennen und üben spielerisch die Taktarten.

Für Sie als Lehrkraft heißt dies insbesondere: Sie benötigen keinerlei Vorkenntnisse und können gemeinsam mit den Kindern die Notation erlernen. Alles, was Sie tun müssen, ist, die Kopiervorlagen an die Klasse zu verteilen. Durch den ausführlichen Lösungsteil sind Sie bestens vorbereitet und haben so immer die richtige Antwort parat.

Die einzelnen Arbeitsblätter sind bewusst so konzipiert, dass Sie mit wenigen Instrumenten auskommen und auch für das Spielen keine Vorkenntnisse benötigen. Natürlich können die Kinder aber auch jederzeit die Übungen auf Instrumenten spielen.

Um Ihnen noch mehr Anschauungsmaterial an die Hand zu geben, finden Sie im hinteren Teil des Heftes Kopiervorlagen für die Tafel. Die einzelnen Noten, Pausen und Zeilen können Sie individuell einsetzen und so z. B. zum vertiefenden Üben oder Wiederholen verwenden.

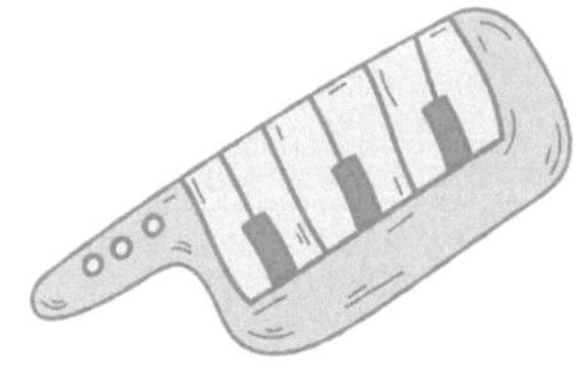

NOTENKURS

NOTEN MALEN MIT KÖPFCHEN

Eine Note hat immer einen Kopf, oft einen Hals und manchmal ein Fähnchen.

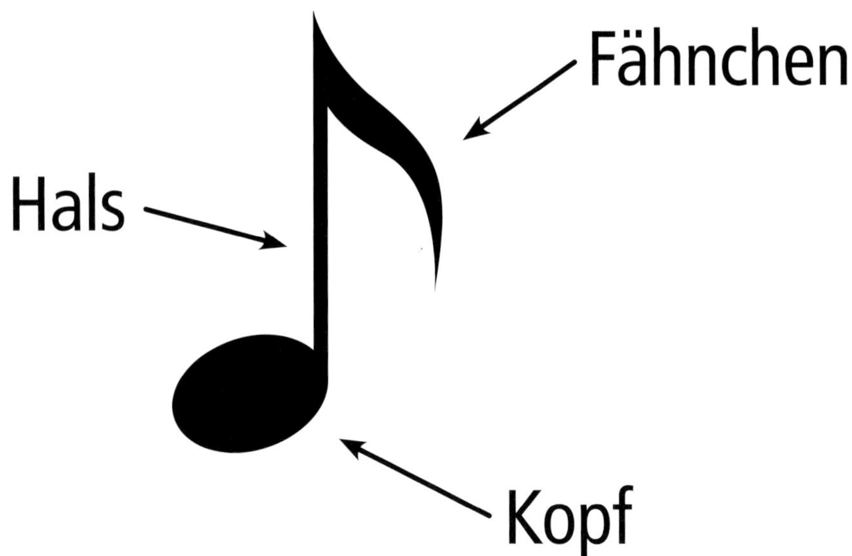

Male zu jeder Note noch weitere Noten dazu.

NAMEN FÜR DIE NOTEN

Ganze Note
4 Schläge

Halbe Note
2 Schläge

Viertelnote
1 Schlag

Achtelnote
½ Schlag

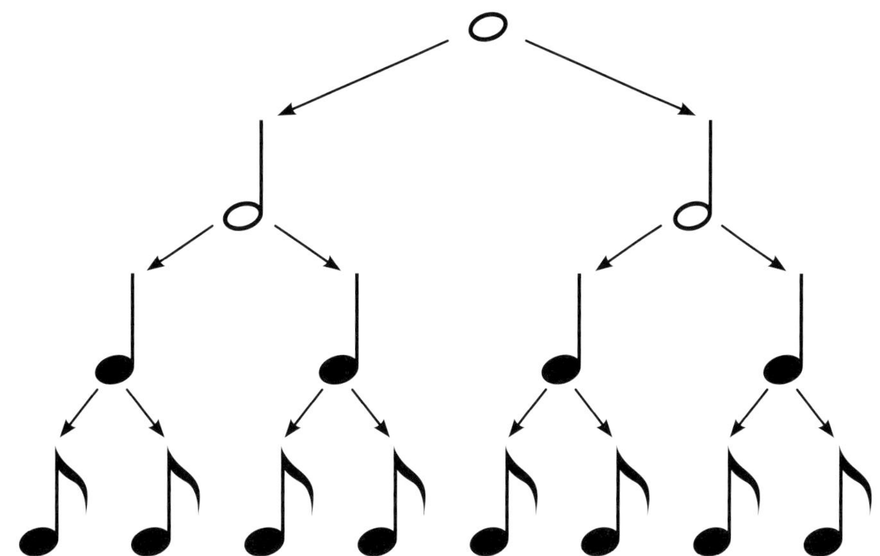

Mehrere Achtelnoten können auch mit einem Balken verbunden werden:

Male die Noten.

Auf die Länge kommt es an

1. Male die Dauer der Schläge farbig an.

		1	2	3	4
Ganze Note	4 Schläge				
Halbe Note	2 Schläge				
Viertelnote	1 Schlag				
Achtelnote	½ Schlag				

2. Ergänze die Sätze.

a) Eine Achtelnote erkenne ich am ....

b) Eine ganze Note hat keinen ....

c) Eine .... und eine ....
haben einen ausgefüllten Kopf.

d) Eine .... hat zwar einen Hals,
aber einen „leeren" Kopf.

3. Sprecht den Tier-Rhythmus in der Gruppe.
Jedes Kind übernimmt ein Tier.

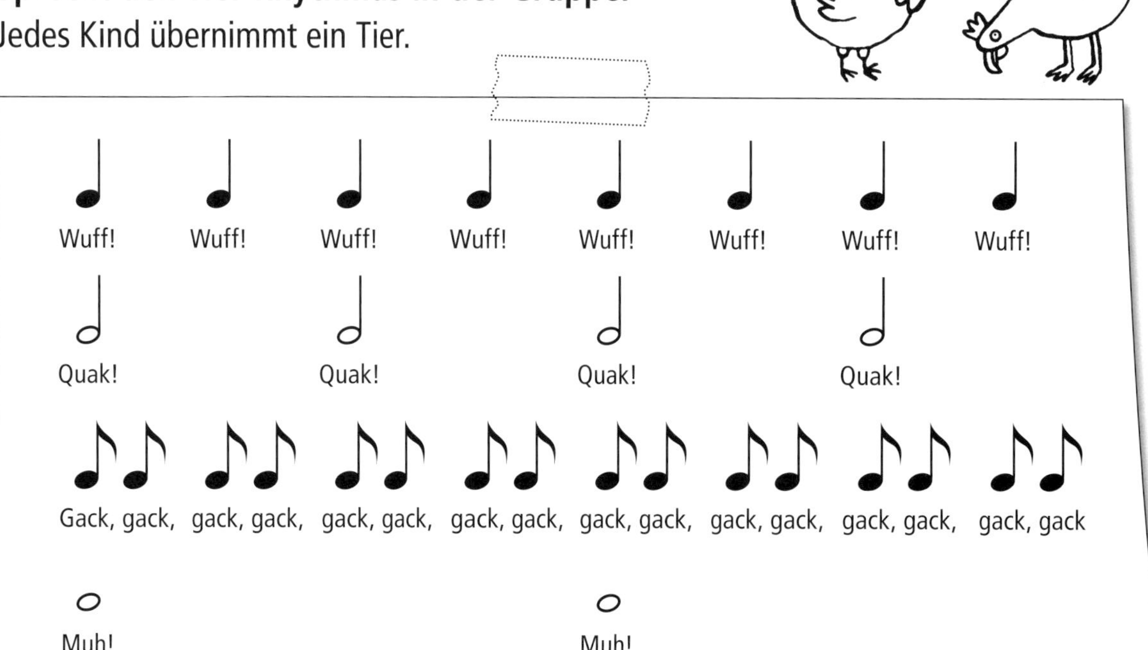

TIERE IM RHYTHMUS (1/2)

1. Ordne die Tiere den richtigen Bausteinen zu. Verbinde.

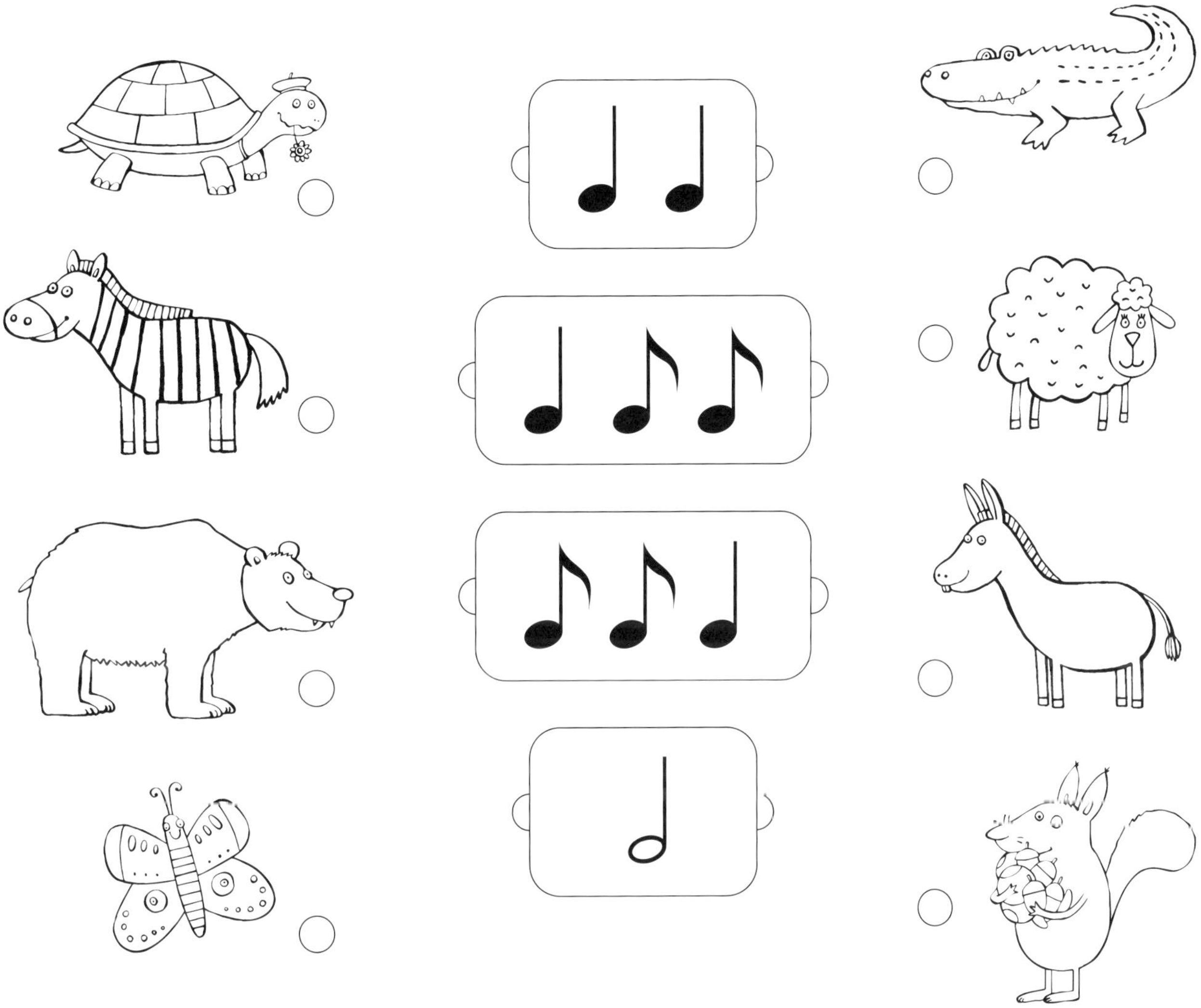

2. Suche dir ein Tier aus. Sprecht gemeinsam im Rhythmus.

Beispiel:

Bär				Bär			
E		-	sel	E		-	sel
Kro	-	ko	- dil	Kro	-	ko	- dil
Schmet	-	ter	- ling	Schmet	-	ter	- ling

 ISBN 978-3-8346-4172-4 | www.verlagruhr.de

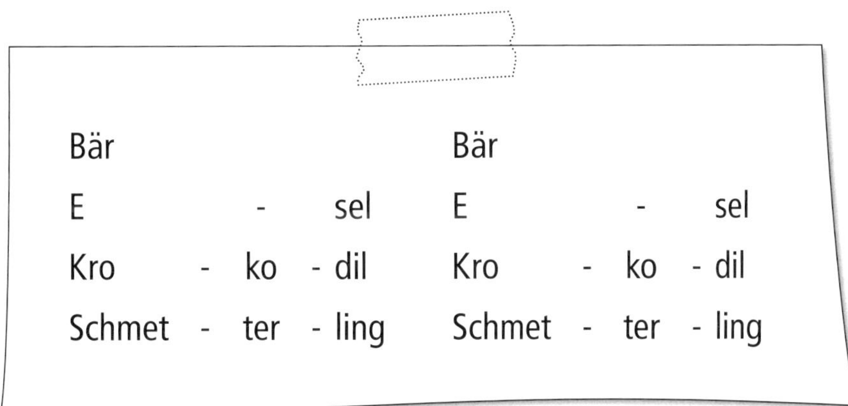

TIERE IM RHYTHMUS (2/2)

Schreibe den Rhythmus zu den Tieren.

HÄNSCHENS BRUDER UND DER KUCKUCK

1. Schneide die Textstreifen aus.
2. Klatsche die Noten.
3. Klebe die Textstreifen unter die dazugehörigen Noten.

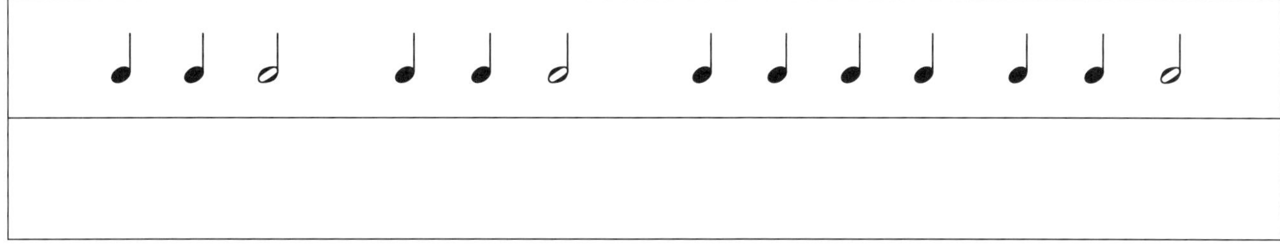

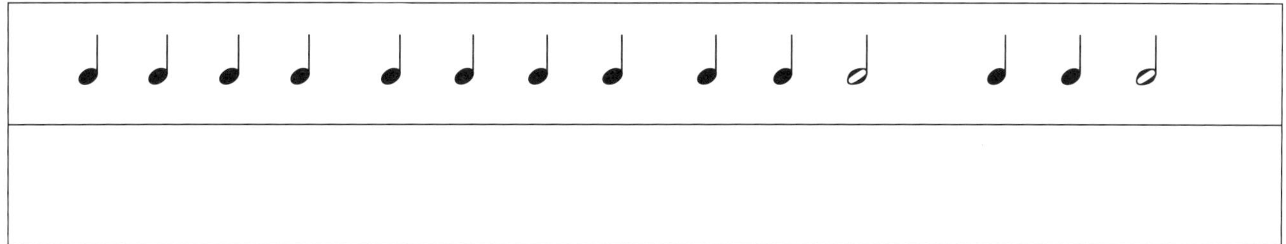

Bru-der Ja-kob, Bru-der Ja-kob, schläfst du noch? Schläfst du noch?

Ku-ckuck, Ku-ckuck, ruft´s aus dem Wald.

Häns-chen klein ging al- lein in die wei- te Welt hi- nein.

Bruder Jakob – Text: traditionell aus Frankreich
Kuckuck – Text: August Heinrich Hoffmann von Fallersleben
Hänschen klein – Text: H. A. Kampe

ALLE IM RHYTHMUS! (1/2)

1. Bildet eine 4er-Gruppe. Jedes Kind sucht sich eine andere Zeile aus.
2. Klatscht den Rhythmus gleichzeitig. Ihr könnt auch auf verschiedenen Instrumenten spielen.

Zeile 1 | Zeile 2 | Zeile 3 | Zeile 4

Zählt: 1 2 3 4 | 1 2 3 4 | 1 2 3 4 | 1 2 3 4

ALLE IM RHYTHMUS! (2/2)

1. Schneide die Kärtchen aus.
2. Stelle deine eigenen Rhythmen zusammen. Klebe dazu die Kärtchen auf.
3. Bildet eine 4er-Gruppe. Klatscht die Rhythmen gleichzeitig.

Zeile 1	Zeile 2	Zeile 3	Zeile 4

DIE LEITER RAUF UND RUNTER

Es gibt 5 Notenlinien.
Auf oder zwischen ihnen können Noten liegen.
Eine Reihe mit aufeinanderfolgenden Noten nennt man Tonleiter.

1. Spure die Noten nach. Male weitere ganze Noten in jeden Zwischenraum.

2. Spure die Noten nach. Male weitere ganze Noten auf jede Linie.

3. Spure die Noten nach. Male weitere ganze Noten von unten nach oben.

4. Spure die Noten nach. Male weitere ganze Noten von oben nach unten.

DER SCHLÜSSEL ZU DEN NOTEN

Am Anfang einer Notenzeile steht immer der Notenschlüssel.
Der Violinschlüssel zeigt an, wo sich die Note g befindet.
Deswegen heißt er auch g-Schlüssel.

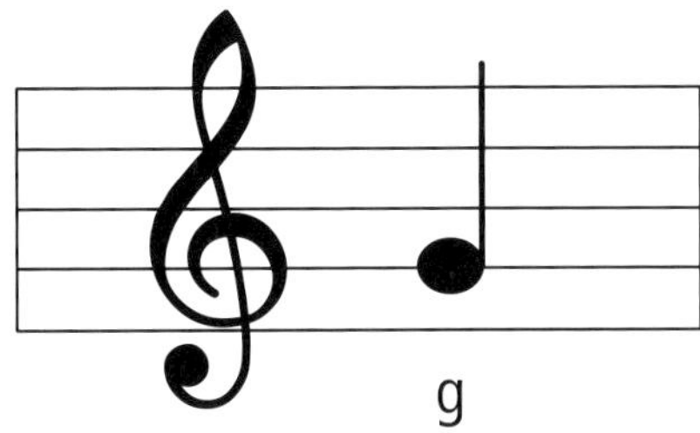

1. Spure die Violinschlüssel Schritt für Schritt nach.

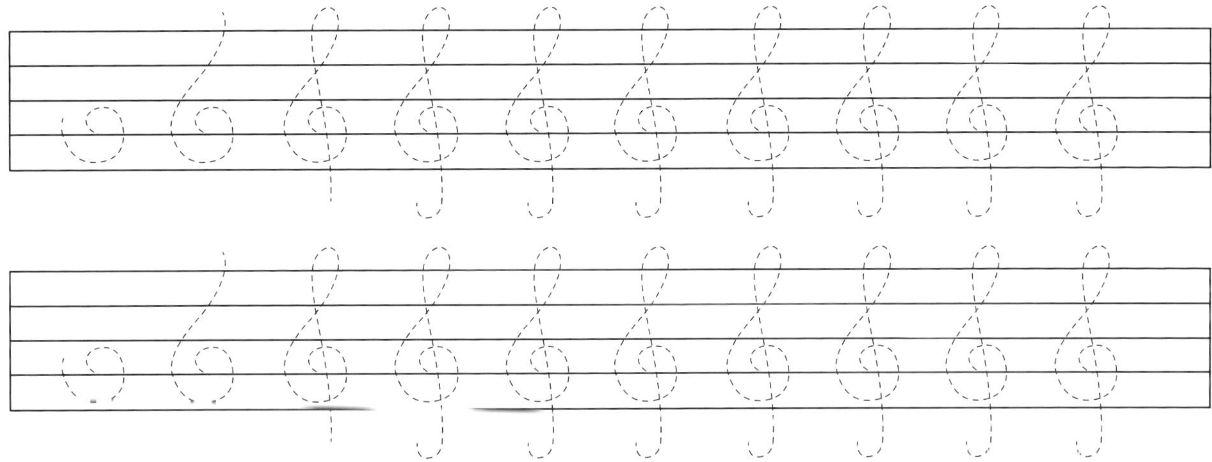

2. Jetzt bist du dran! Zeichne Violinschlüssel.

GENAU AUF DER LINIE: DIE NOTE G

Der Ton g liegt auf der zweiten Linie von unten.

1. Male g-Noten in die Notenzeile.

2. Suche alle g-Noten. Umrande sie farbig.

3. Kreise alle g-Noten ein.

Welche Form ergibt sich? ....

AHA! DIE NOTE A

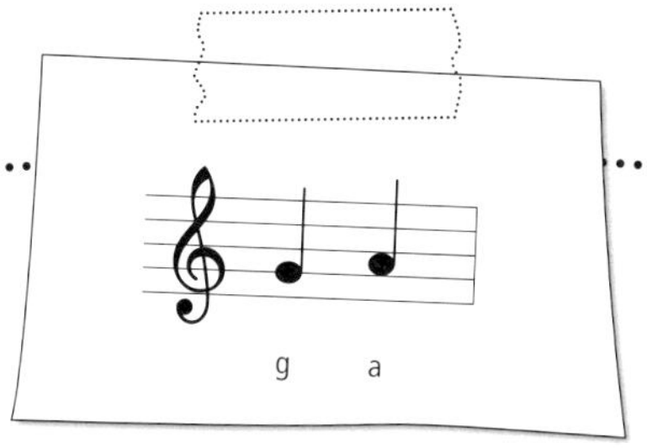

g a

Die Note a liegt im zweiten Zwischenraum von unten.

1. Male a-Noten in die Notenzeile.

Die Note a liegt ....

2. Welches Instrument spielt der Hase am liebsten? Welches der Igel? Verfolge die g- und die a-Noten.

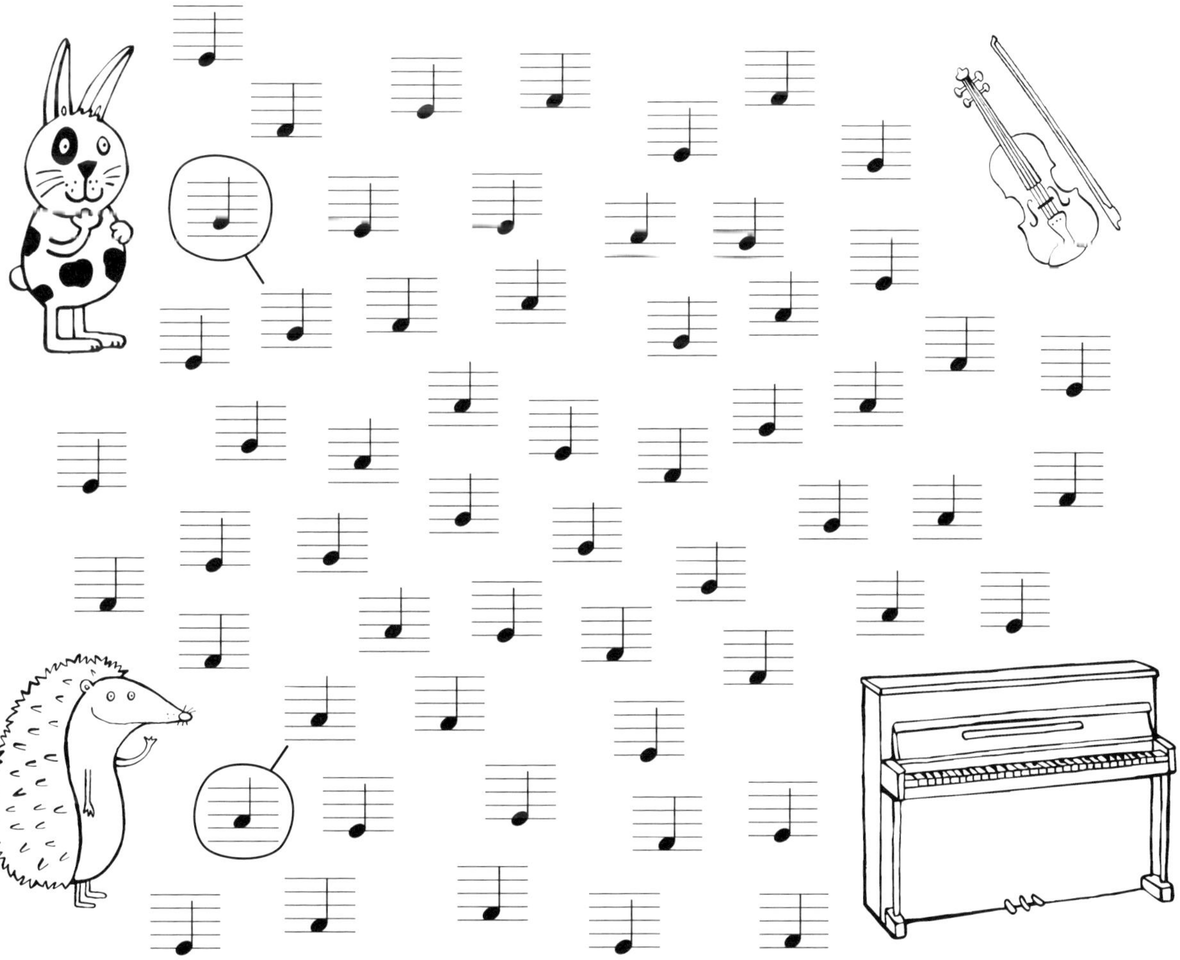

© Verlag an der Ruhr | Autorin: Monika Strobl | ISBN 978-3-8346-4172-4 | www.verlagruhr.de
Illustrationen: Anja Boretzki

HOCH ODER TIEF? GENAU IN DER MITTE: DIE NOTE H

g a h

Die Note h liegt genau in der Mitte der Notenzeile.

1. Male h-Noten in die Notenzeile.
Achte dabei auf den Notenhals. Er zeigt jetzt nach unten.

Der Hals der Note h geht nach ....

2. Kreise alle h-Noten ein.

3. Welche Note fehlt jeweils?
Benenne die Noten und male die fehlende Note.

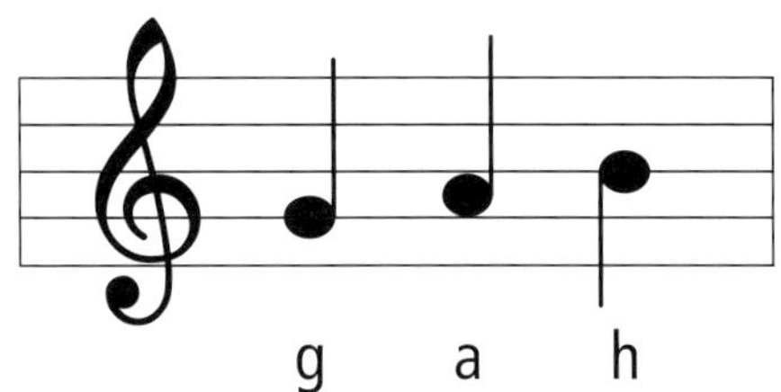

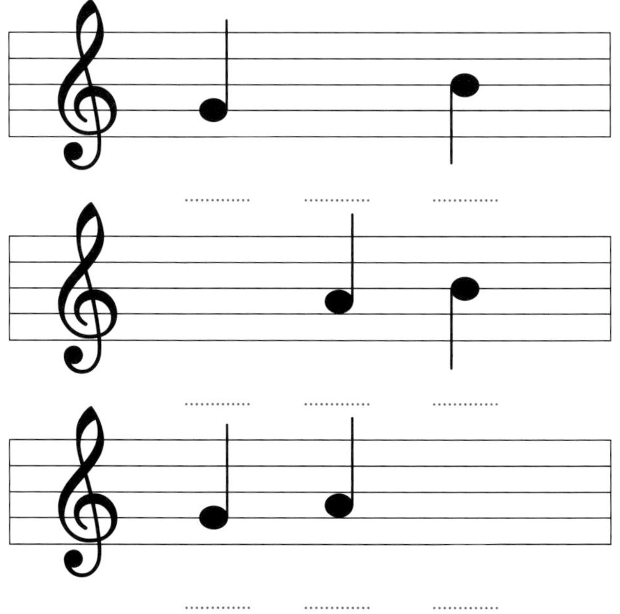

MIT CHARME NACH OBEN: DIE NOTE C

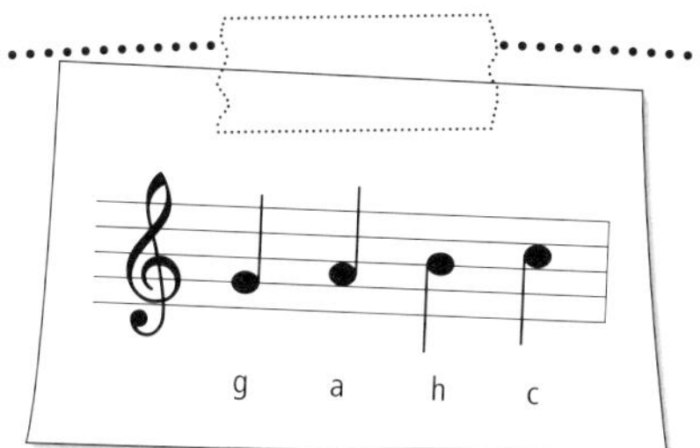

Die Note c liegt im zweiten Zwischenraum von oben.

1. Male c-Noten in die Notenzeile.
Achte dabei auf den Notenhals. Er zeigt nach unten.

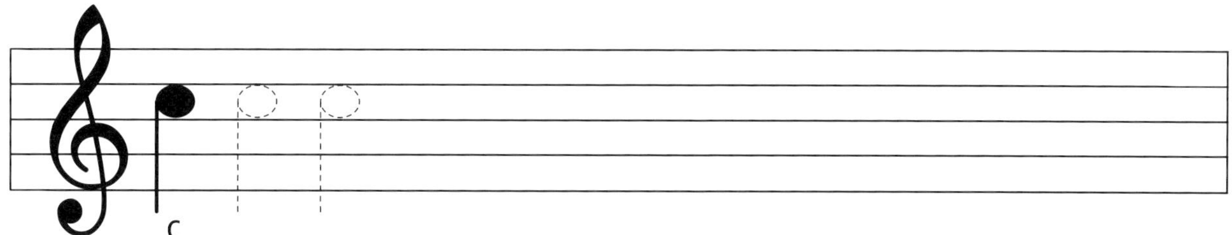

Die Note c liegt ....

2. Löse das Sudoku. In jedem Kästchen und in jeder Reihe muss jede Note einmal vertreten sein: g, a, h und c.

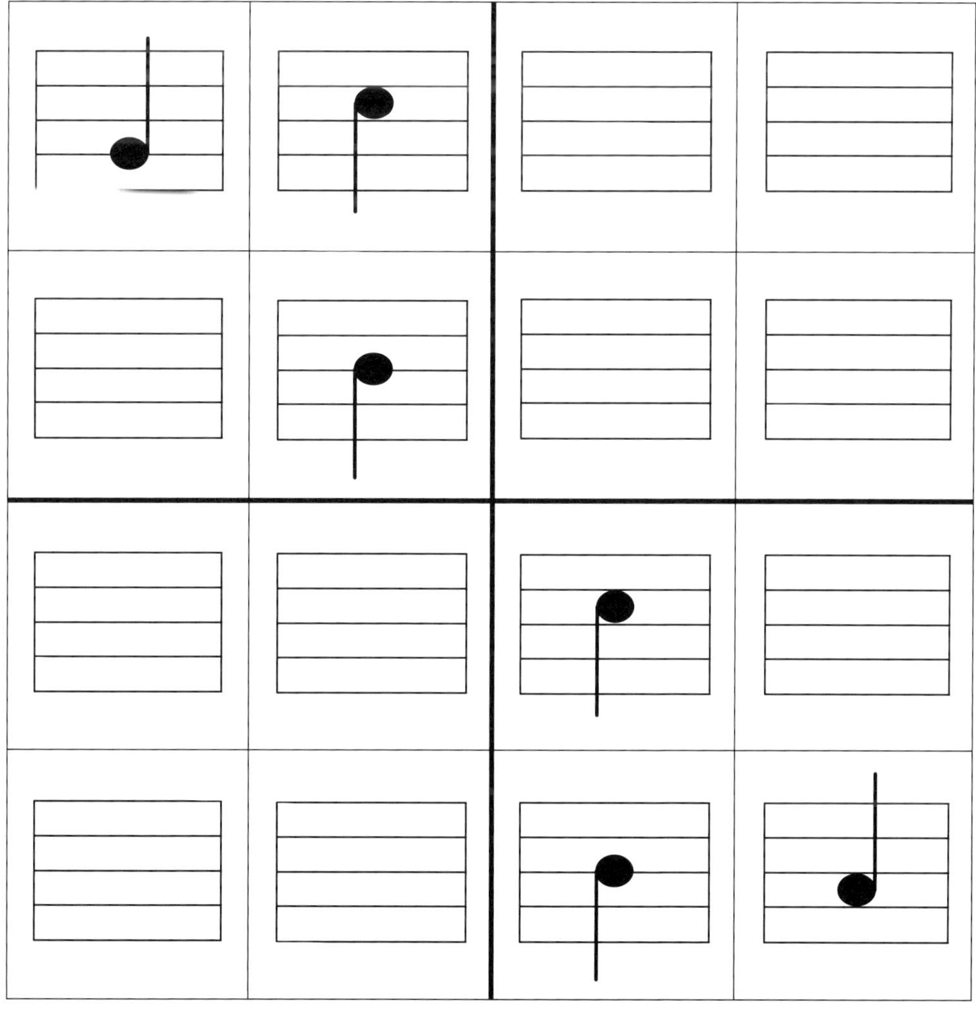

FLACH AUF DEM BODEN: DIE NOTE F

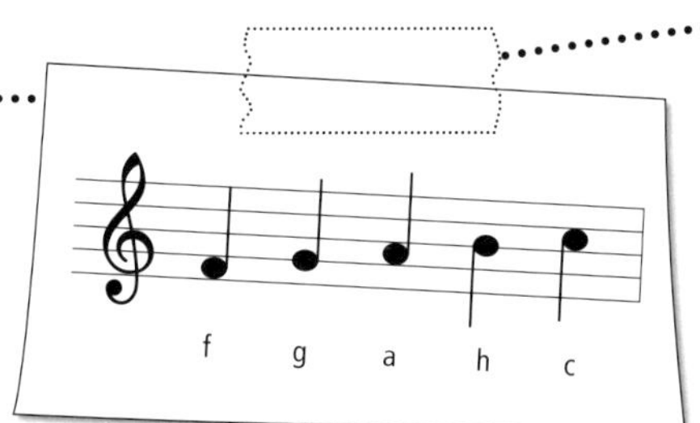

1. Male f-Noten in die Notenzeile.

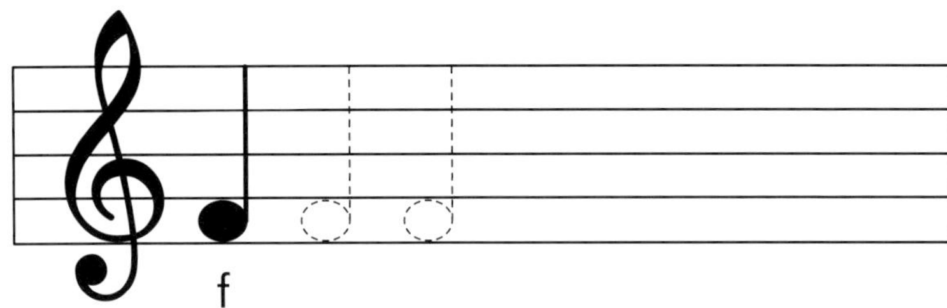

2. Finde den Weg durch den Wald, indem du der Beschreibung folgst.

a) Folge den Noten: h – g – g – a – c – f – f – g

Start

b) Überlege dir selbst einen Weg durch das Labyrinth und diktiere es deinem Partner oder deiner Partnerin.

EHE ES NACH UNTEN GEHT: DIE NOTE E

e f g a h c

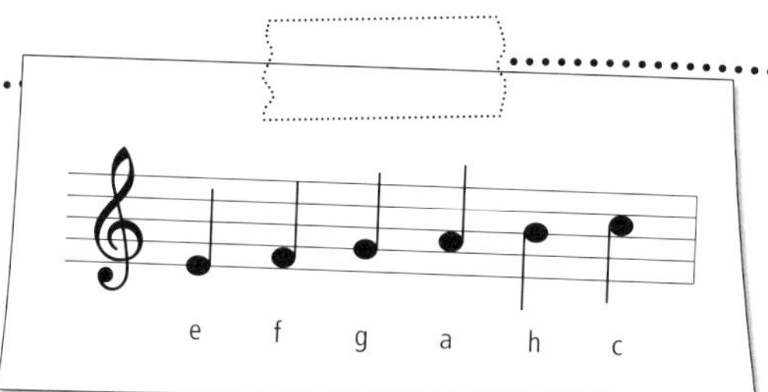

1. Male e-Noten in die Notenzeile.

e

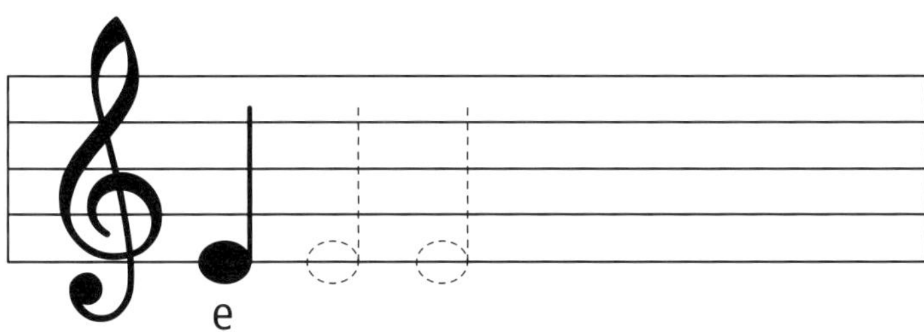

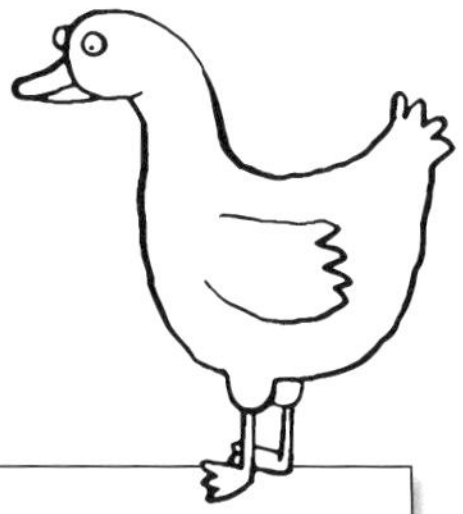

2. Geheimcode: Löse die Rätselwörter, indem du die richtigen Buchstaben unter die Noten setzt.

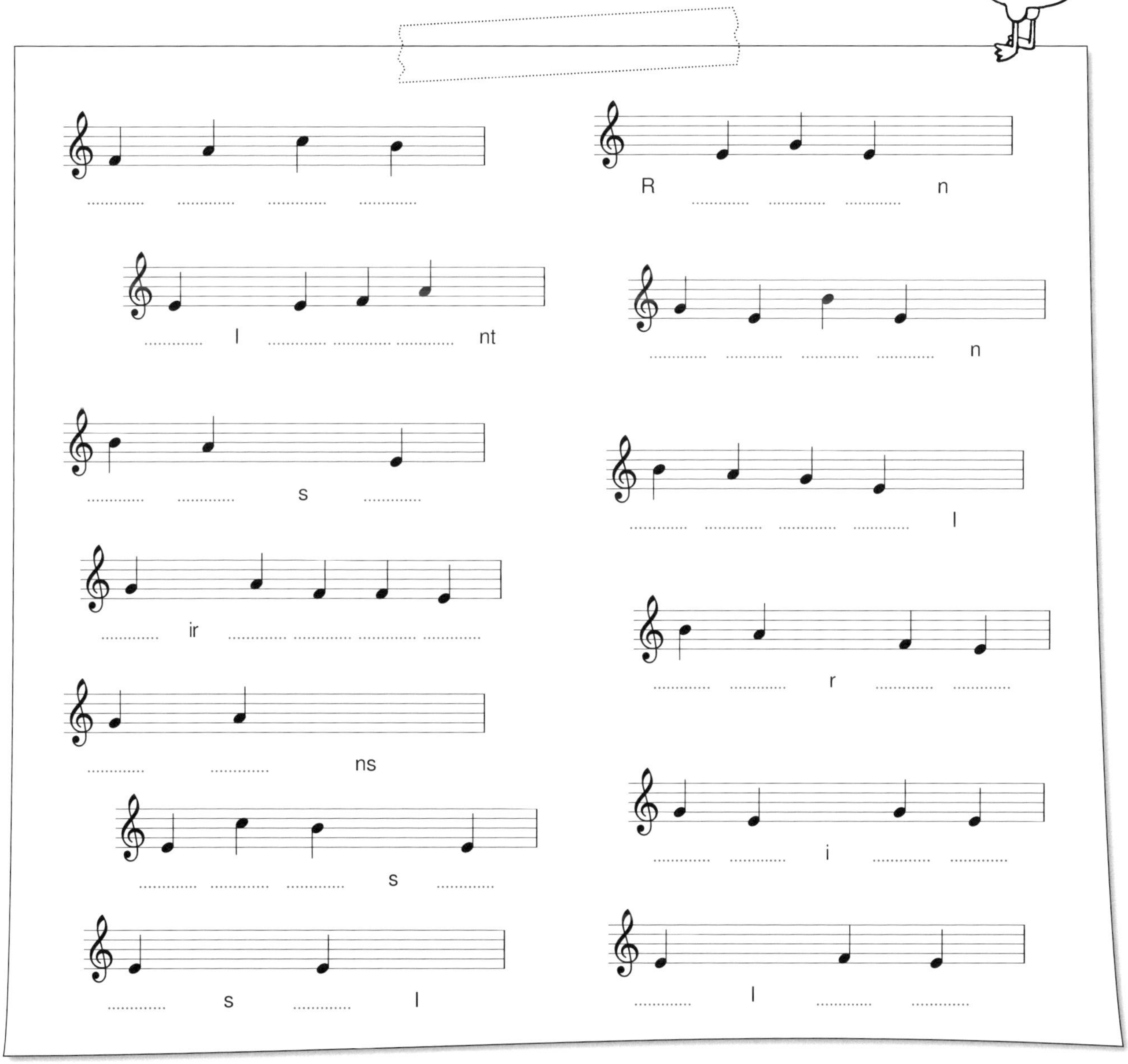

....
R .... n
.... l .... nt
.... n
.... s ....
.... l
.... ir ....
.... r ....
.... ns
.... i ....
.... s ....
.... s l
.... l ....

DARUNTER: DIE NOTE D

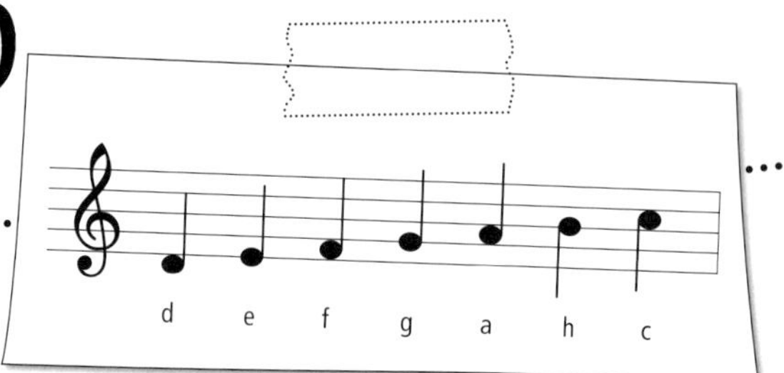

1. Male d-Noten in die Notenzeile.

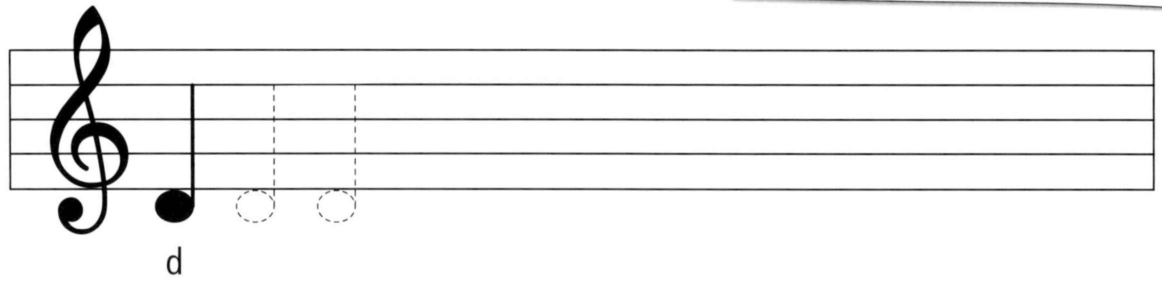

Die Note d liegt ....

2. Notenrätsel: Schreibe die richtigen Noten der Reihenfolge nach auf.

❶ Ich liege unterhalb der unteren Linie.

❷ Gehe 4 Töne nach oben. Wo liege ich und wie heiße ich?

❸ Klettere 2 Töne nach oben. Wie nennt man mich?

❹ Rutsche einen Ton nach unten. Auf welcher Linie liege ich?

❺ Steige noch einmal 3 Töne nach unten. Wo bist du jetzt?

❻ Rutsche einen Ton nach unten. Welche Note liegt dort?

① ② ③ ④ ⑤ ⑥

.... s .... | |

DER CHEF SITZT UNTEN: DIE NOTE C

c d e f g a h c

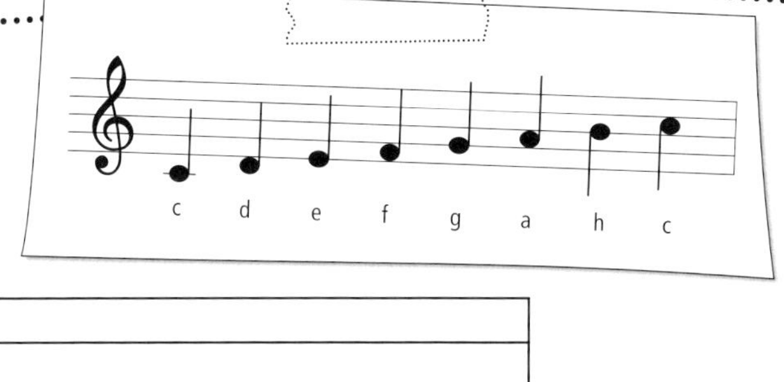

1. **Male c-Noten in die Notenzeile.**
   Achte auf die Hilfslinie.

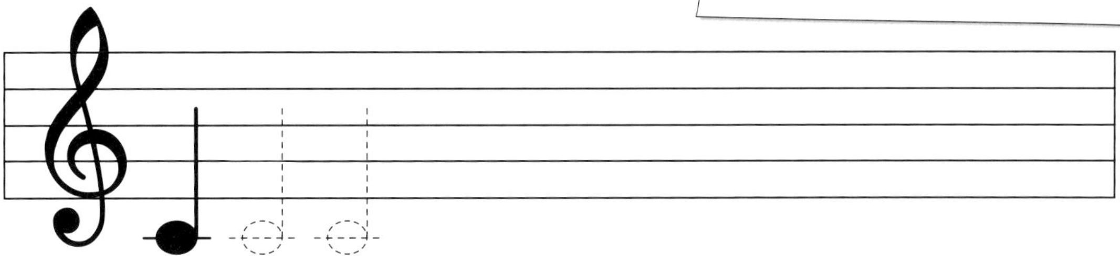

c

Die Note c liegt ....

2. **Summe das Lied. Schreibe die Namen über die Noten.**

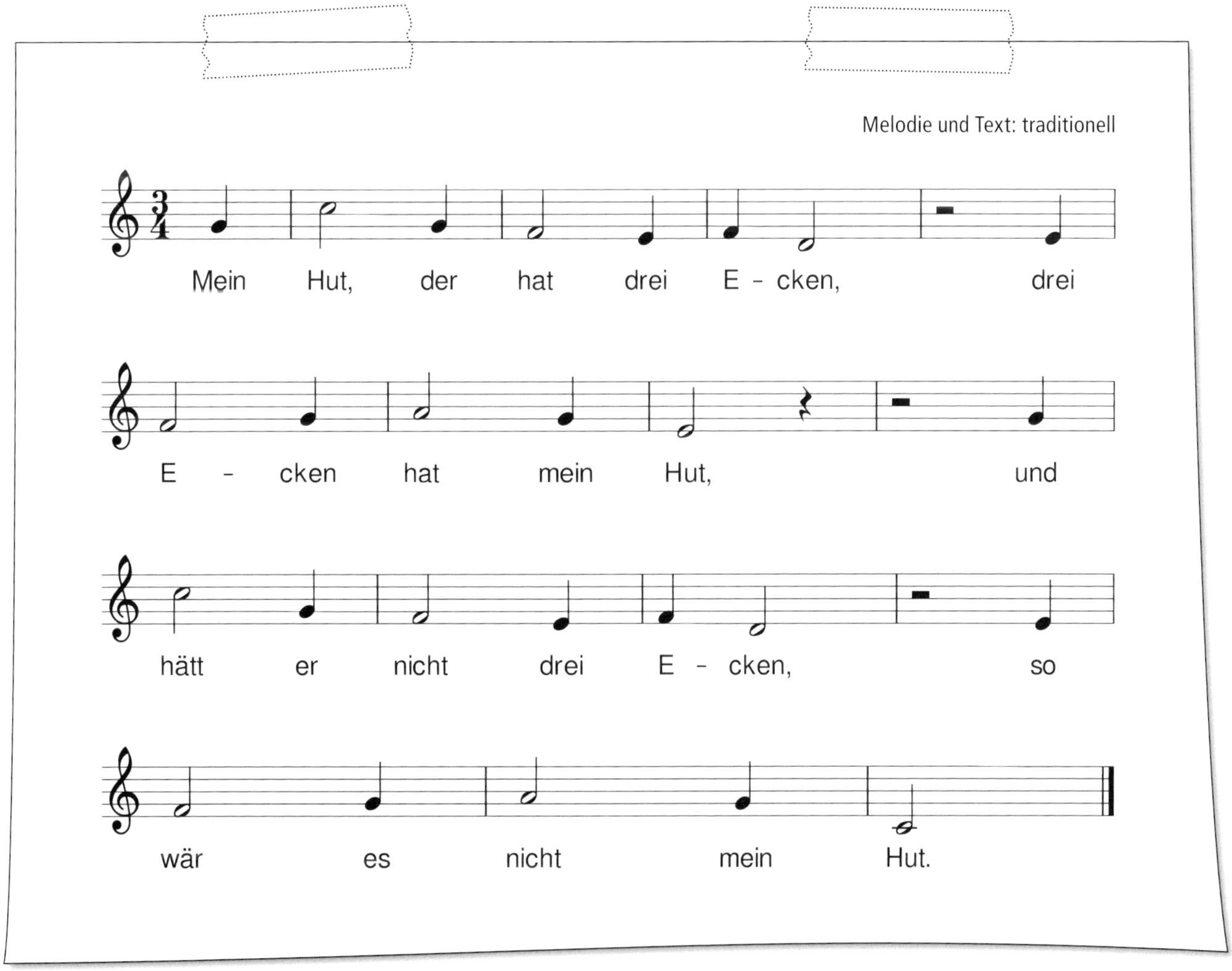

Melodie und Text: traditionell
Mein Hut, der hat drei E - cken, drei
E - cken hat mein Hut, und
hätt er nicht drei E - cken, so
wär es nicht mein Hut.

3. **Singt das Lied gemeinsam.**

LÜCKEN IN DER LEITER

Fülle die Lücken in den Tonleitern richtig aus.
Schreibe unter die fehlende Note den richtigen Namen.

....

....

....

....

....

SPANNENDE DREIECKE: NOTEN-TRIOMINO

Schneide die Dreiecke aus.
Lege jeweils den passenden Namen zur Note.

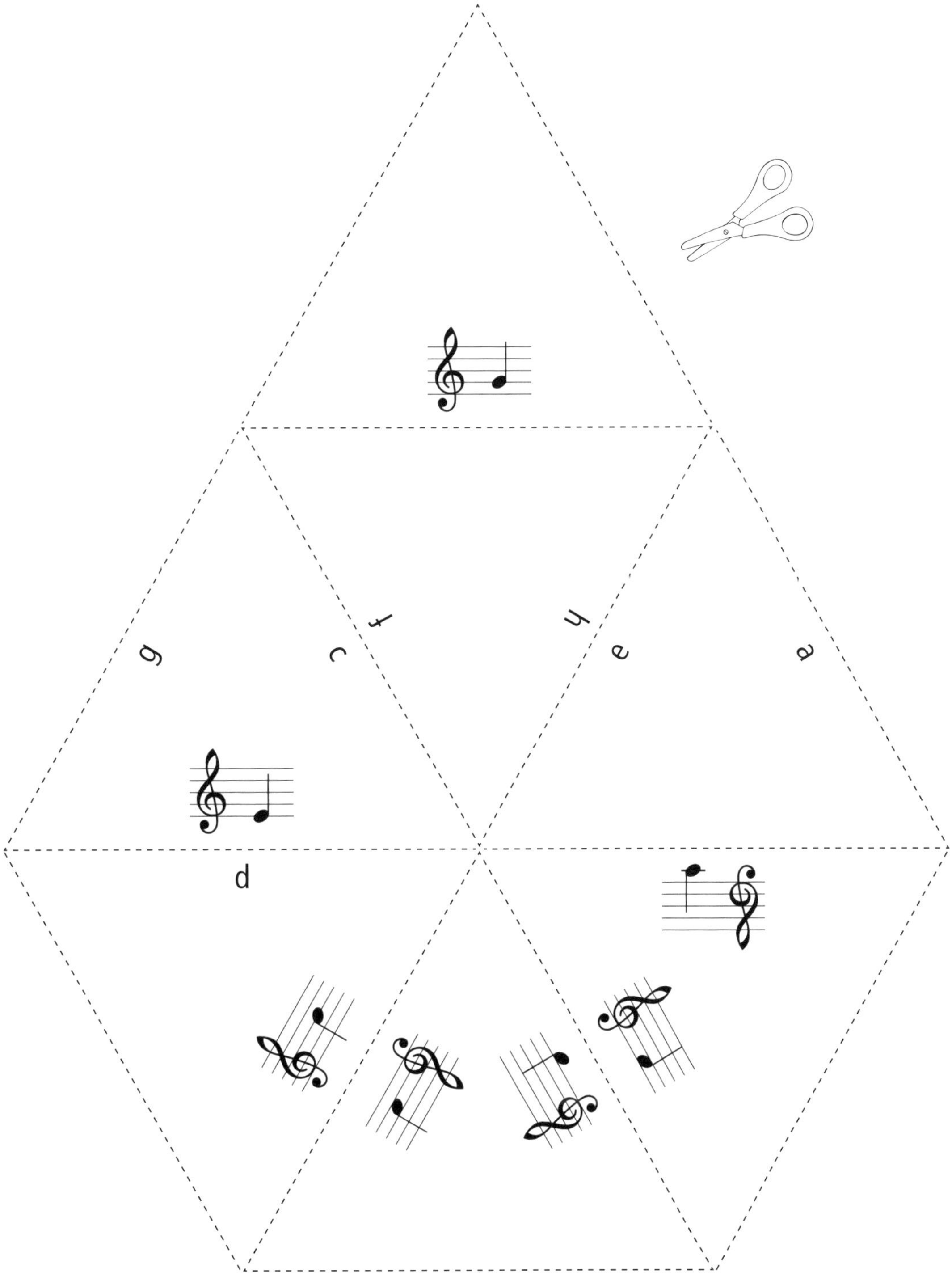

g c f h e a

d

LOGISCHE NOTEN-LOGICALS

Löse die beiden Rätsel.

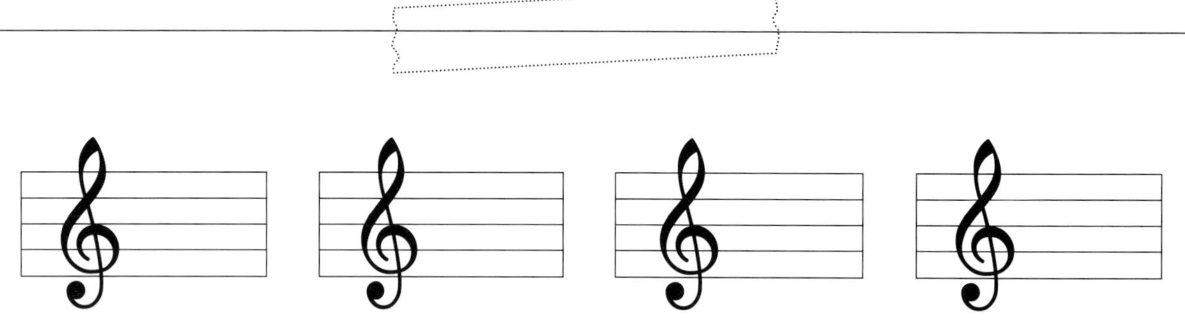

❶ Die Note h liegt nicht neben dem f.
❷ Das f steht an dritter Stelle.
❸ Die Achtelnote liegt zwischen dem e und dem d.
❹ Das e ist eine ganze Note.
❺ Eine Note ist eine halbe Note, aber sie steht nicht an erster Stelle.
❻ Die Viertelnote liegt neben der halben Note.
❼ Das e steht an vierter Stelle.

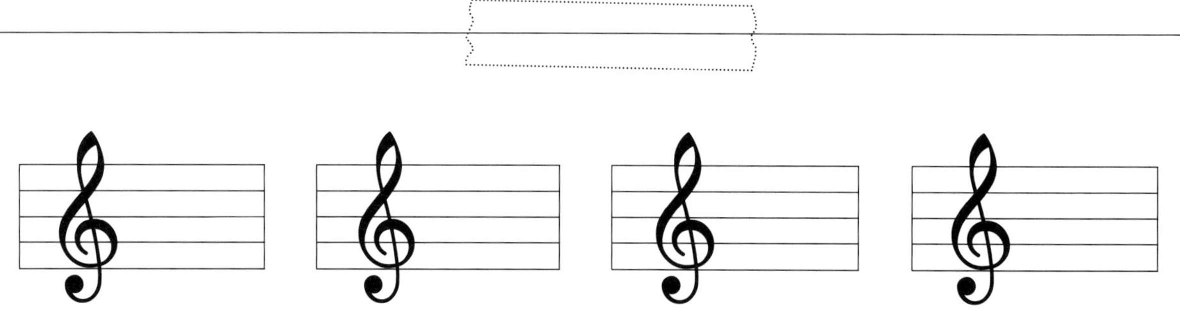

❶ Eine Note ist ein a.
❷ Eine Note ist eine ganze Note, aber sie steht nicht an erster Stelle.
❸ Das g ist eine Viertelnote.
❹ Das d steht an zweiter Stelle.
❺ Die Achtelnote ist ein e.
❻ Die Viertelnote liegt zwischen der ganzen und der halben Note.
❼ Die halbe Note steht an vierter Stelle.

ALLER ANFANG IST NICHT SCHWER

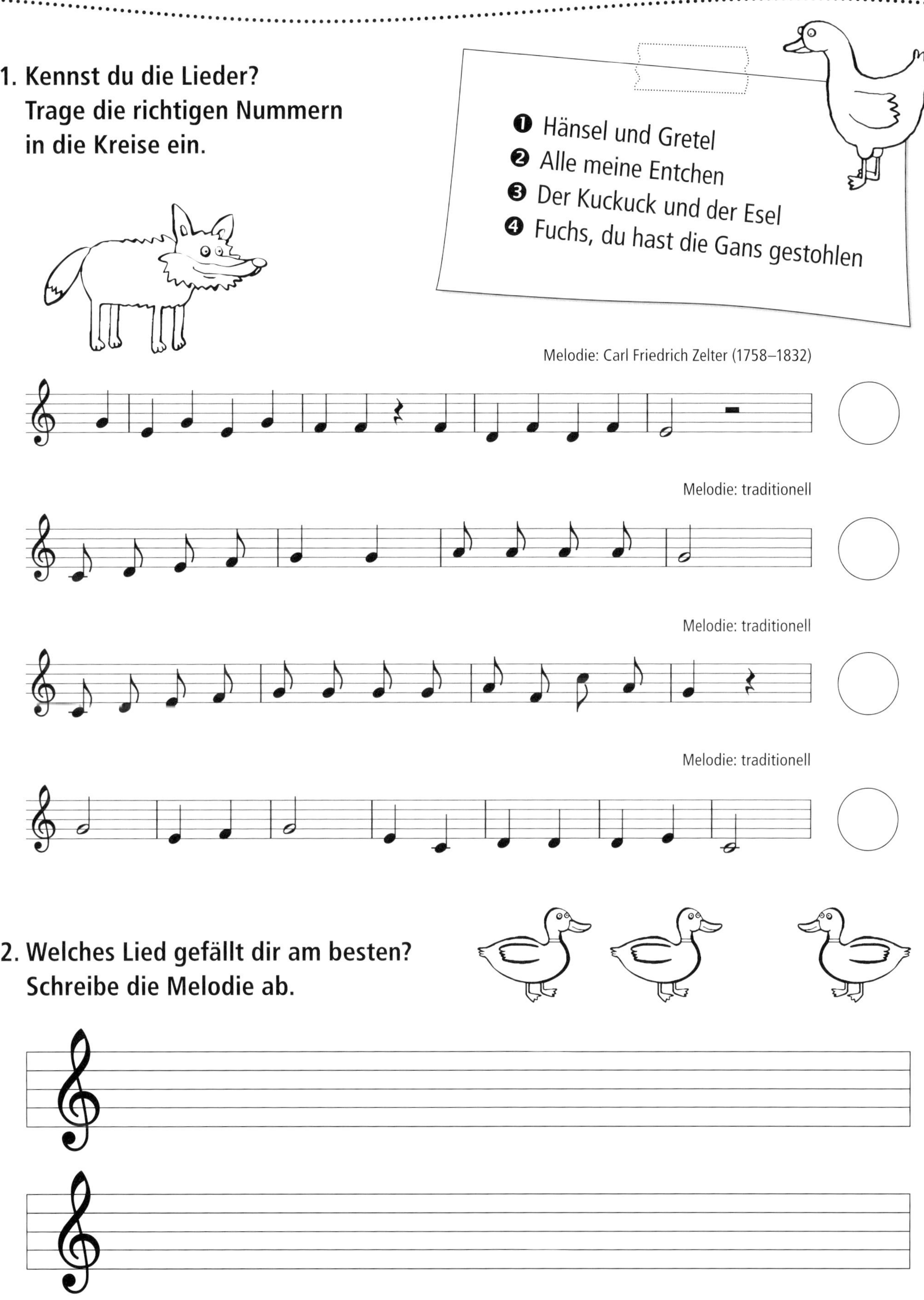

1. Kennst du die Lieder?
   Trage die richtigen Nummern in die Kreise ein.

❶ Hänsel und Gretel
❷ Alle meine Entchen
❸ Der Kuckuck und der Esel
❹ Fuchs, du hast die Gans gestohlen

2. Welches Lied gefällt dir am besten?
   Schreibe die Melodie ab.

DAS LIED VOM KLEINEN HÄNSCHEN

1. Kreise alle ganzen, halben und Viertelnoten ein.
2. Schreibe die Namen unter die Noten.
3. Singt das Lied.
   Lest dabei mit dem Finger mit.

RÄTSEL IN GEHEIMSCHRIFT

Löse das Rätsel, indem du die Noten benennst.

							1		
					2				
					3				
		4	5						
	6								
7									
8									

Senkrecht:

1 

2 

5 

6 

Waagerecht:

3 

4 

7 

8 

MÄRCHENHAFTE RÄTSEL

Schreibe die Namen unter die Noten.
Erkennst du die Märchen? Male die Lösungen mit der gleichen Farbe an.

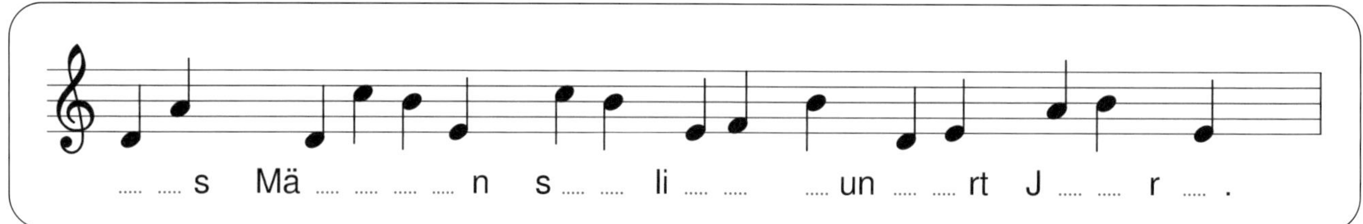

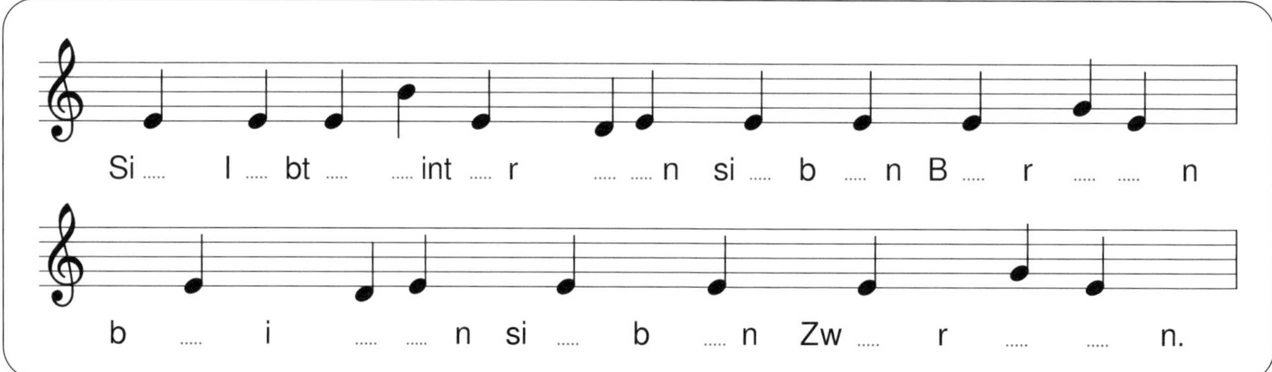

Lösungen:

MACH MAL PAUSE!

Ganze Pause
4 Schläge

Halbe Pause
2 Schläge

Viertelpause
1 Schlag

Achtelpause
½ Schlag

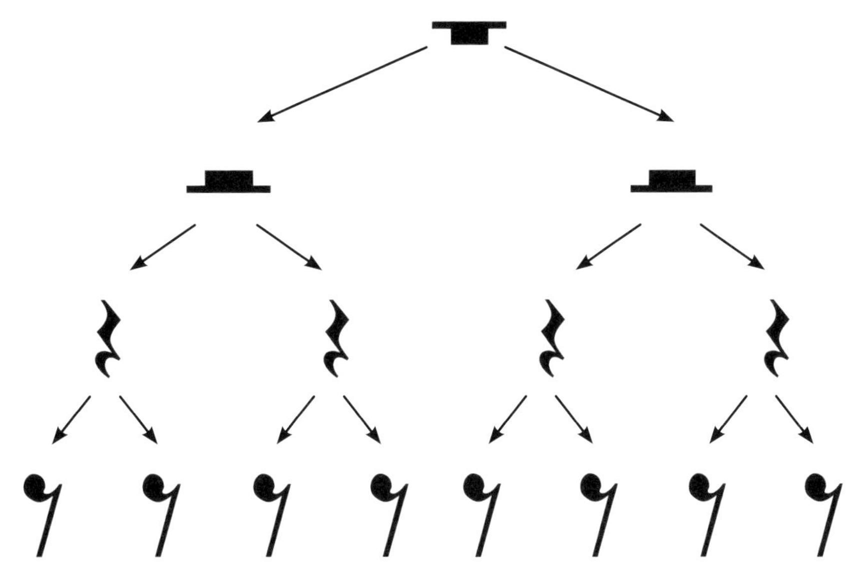

Male die Pausen.

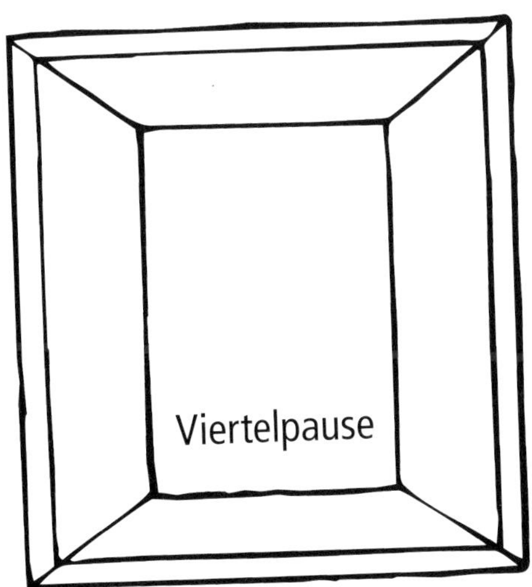

IM PAUSENSCHRITT

Welche Katze geht wohin?
Folge den Spuren mit den 4 Pausenzeichen.

ACHTUNG! PAUSEN! (1/2)

1. Bildet eine 4er-Gruppe. Jedes Kind sucht sich eine andere Zeile aus.
2. Klatscht den Rhythmus gleichzeitig. Ihr könnt auch auf verschiedenen Instrumenten spielen.

Zeile 1 | Zeile 2 | Zeile 3 | Zeile 4

Zählt: 1 2 3 4 | 1 2 3 4 | 1 2 3 4 | 1 2 3 4

ACHTUNG! PAUSEN! (2/2)

1. Schneide die Kärtchen aus.
2. Stelle deine eigenen Rhythmen zusammen. Klebe dazu die Kärtchen auf.
3. Bildet eine 4er-Gruppe. Klatscht die Rhythmen gleichzeitig.

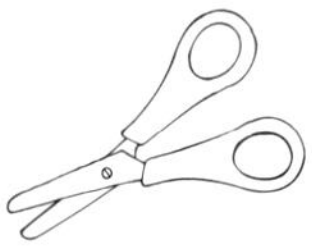

Zeile 1	Zeile 2	Zeile 3	Zeile 4

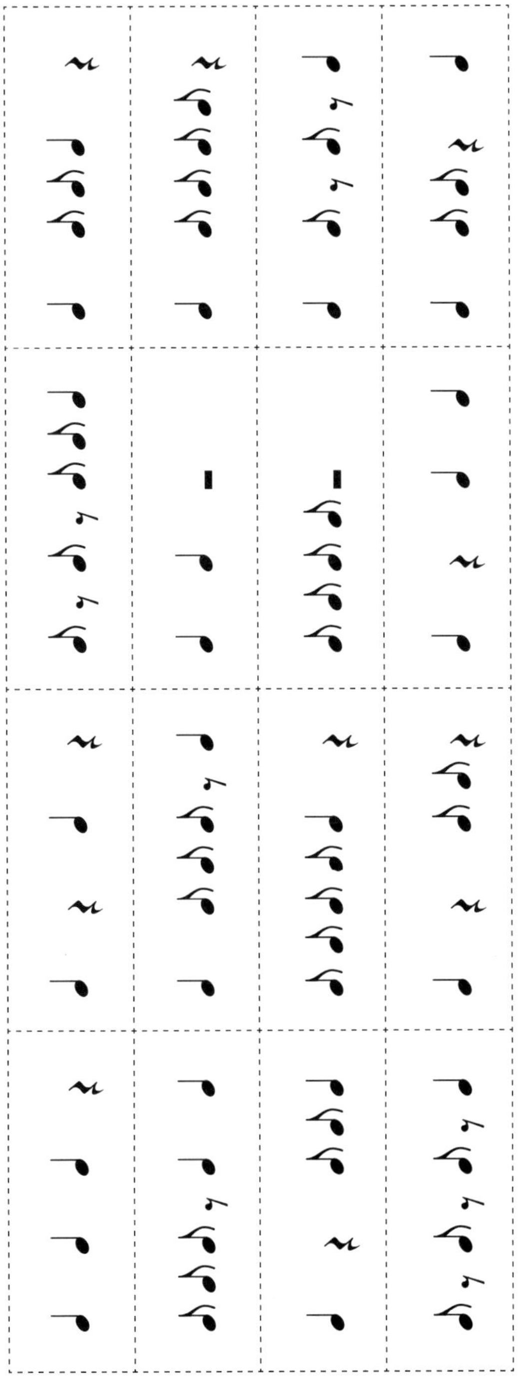

© Verlag an der Ruhr | Autorin: Monika Strobl | ISBN 978-3-8346-4172-4 | www.verlagruhr.de
Illustration: Anja Boretzki

PAUSEN-LIEDER

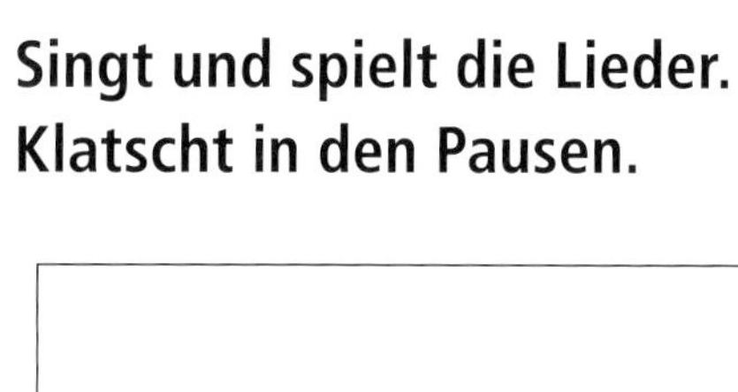

Singt und spielt die Lieder.
Klatscht in den Pausen.

Summm, summ, summ

Melodie: aus Böhmen
Text: August Heinrich Hoffmann von Fallersleben (1798–1874)

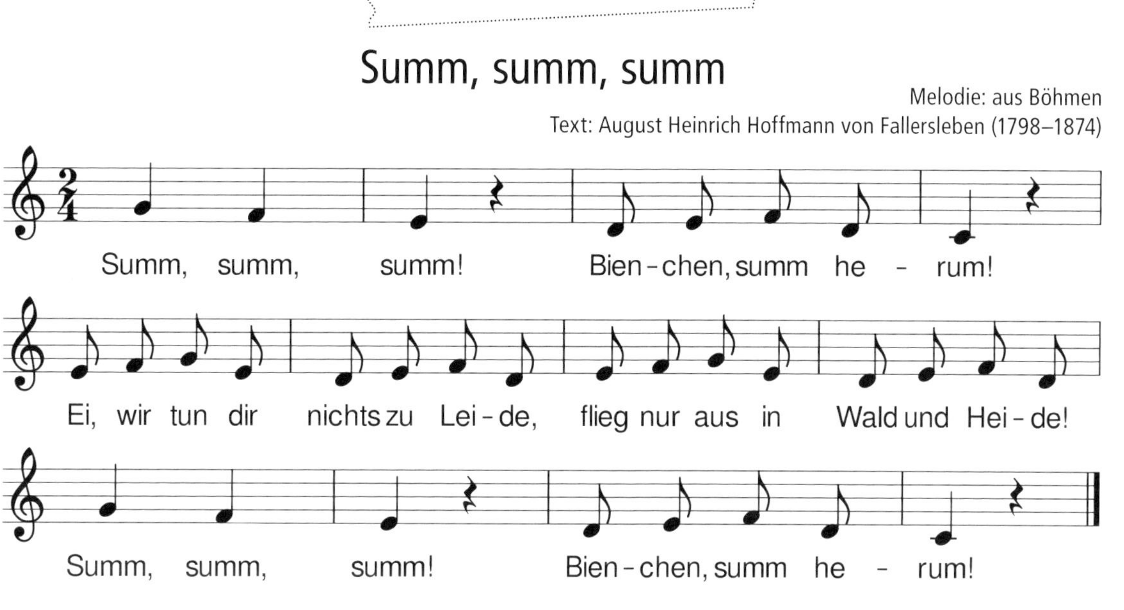

Hänsel und Gretel

Melodie und Text: aus dem 19. Jh.

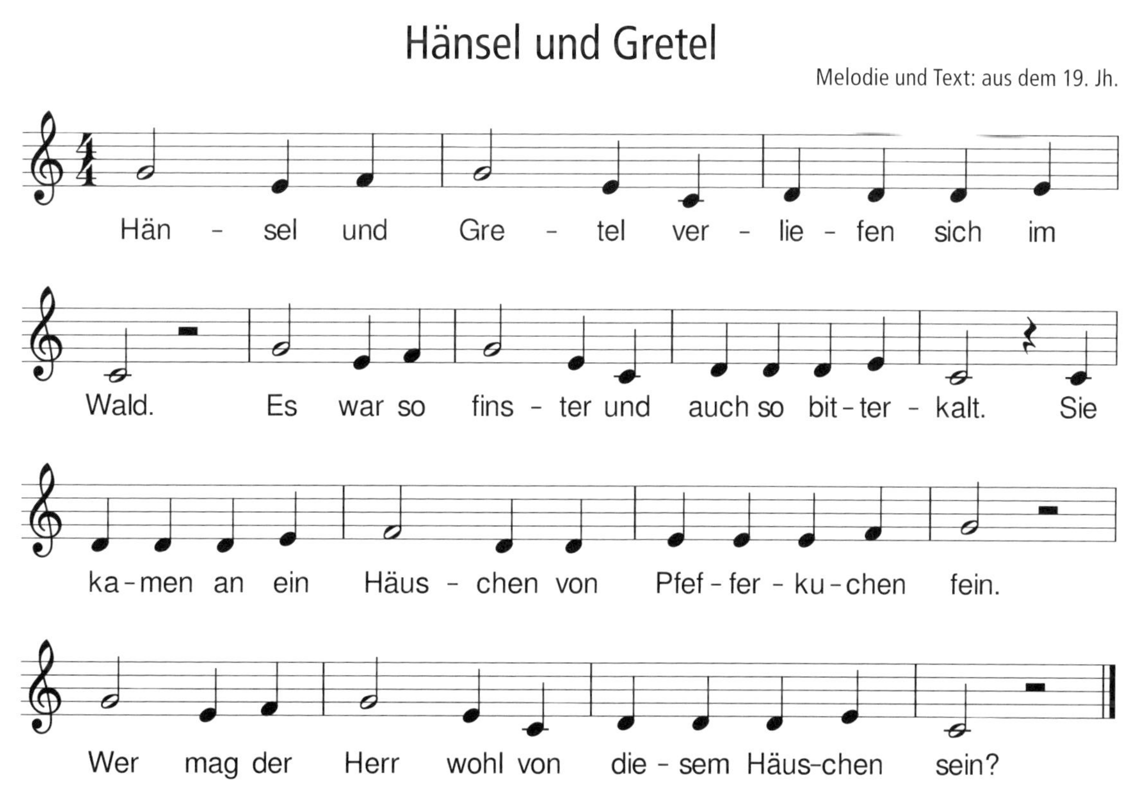

ALLES IM 4/4-TAKT (1/2)

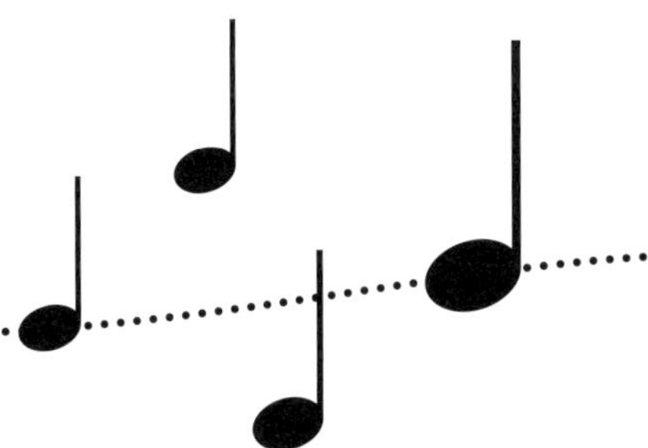

Ein Lied besteht aus mehreren Takten.
In jedem Takt gibt es immer die gleiche Anzahl an Schlägen.
Der Taktstrich trennt die einzelnen Takte voneinander.

Taktangabe

Taktstrich **Taktstrich** **Taktstrich**

Takt **Takt** **Takt**

In einem 4/4-Takt („Vier-Viertel-Takt") gibt es in jedem Takt 4 Schläge.
Diese Angabe schreibt man an den Beginn eines Liedes direkt hinter den Notenschlüssel.

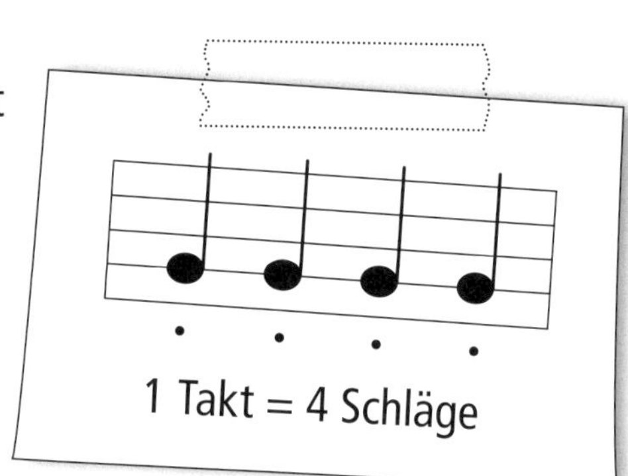

1. Klatscht den Rhythmus.

Beispiel:

2. Hier sind die Taktstriche verloren gegangen. Zeichne sie ein.

ALLES IM 4/4-TAKT (2/2)

**Welche Noten fehlen in welchem Takt?
Verbinde.**

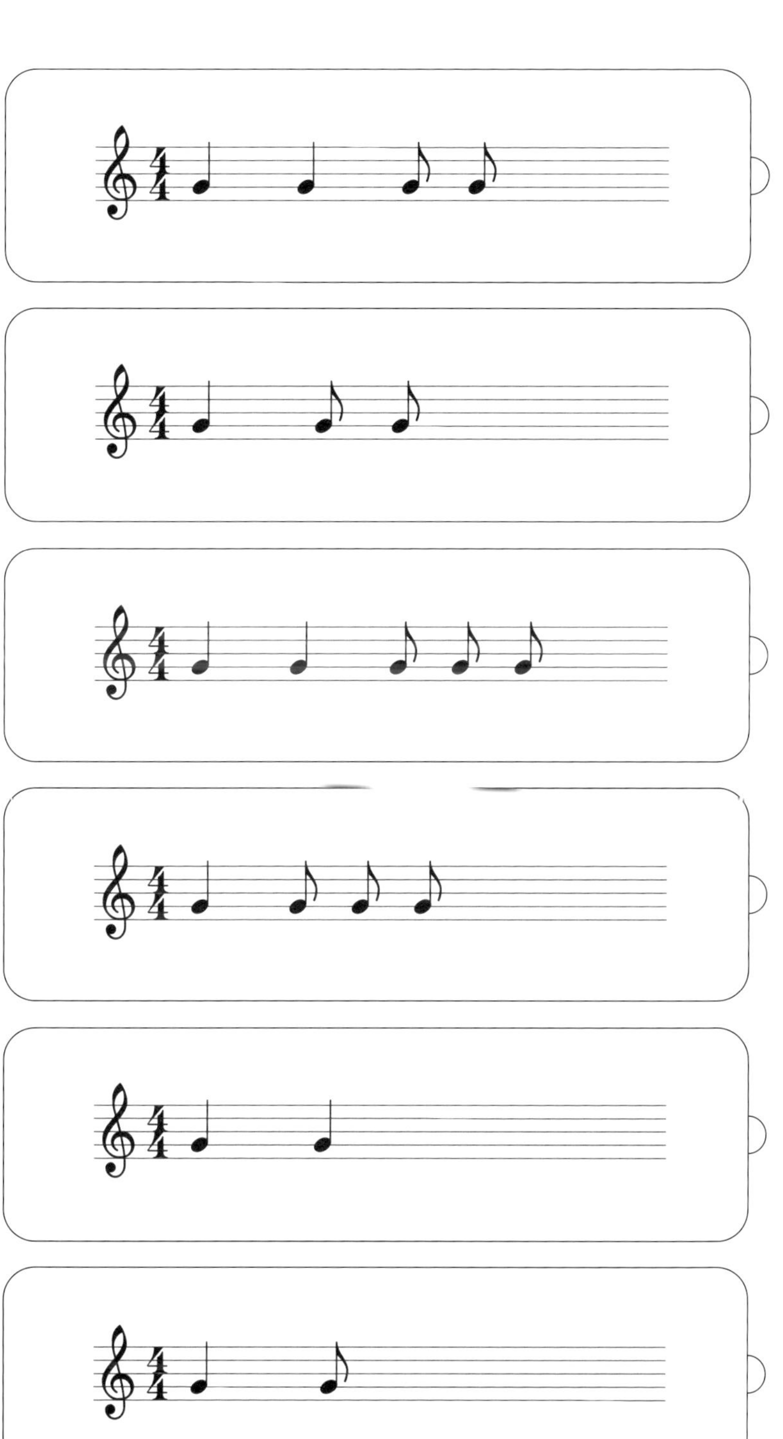

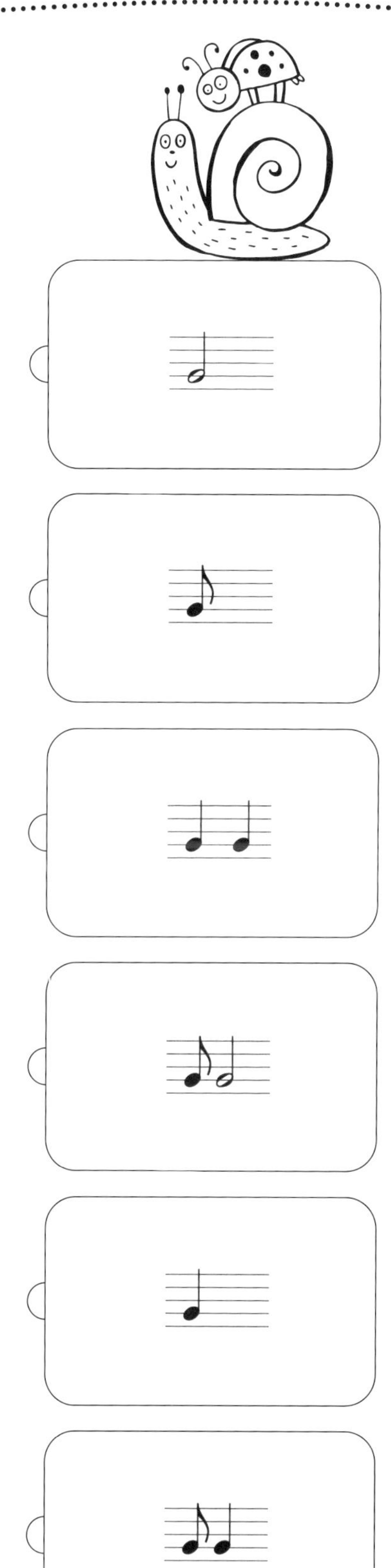

SCHWUNGVOLL IM 3/4-TAKT (1/2)

In einem 3/4-Takt („Drei-Viertel-Takt“) gibt es in jedem Takt 3 Schläge.

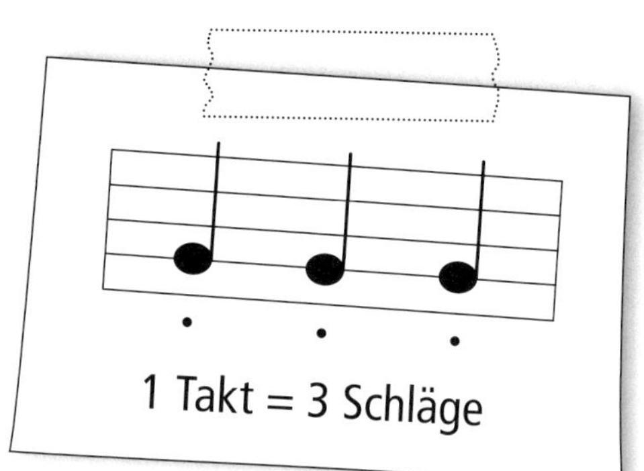

1. Klatscht den Rhythmus.

Beispiel:

2. Ergänze die Takte so, dass sich immer ein 3/4-Takt ergibt.

SCHWUNGVOLL IM 3/4-TAKT (2/2)

1. Die Katze ist über das Notenblatt gelaufen.
   Kannst du die Melodie dennoch singen?

Melodie: aus Österreich
Text: August Heinrich Hoffmann von Fallersleben (1798–1874)

Ku-ckuck, Ku-ckuck, ruft's aus dem Wald.

Las-set uns sin-gen, tan-zen und sprin-gen!

Früh-ling, Früh-ling, wird es nun bald.

2. Ergänze die fehlenden Noten.

3. Schreibe die Notennamen über die Noten.

KURZ UND KNAPP IM 2/4-TAKT (1/2)

In einem 2/4-Takt („Zwei-Viertel-Takt") gibt es in jedem Takt 2 Schläge.

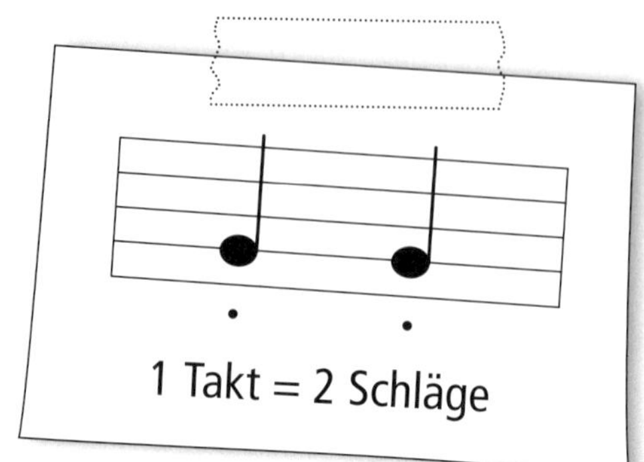

1. Klatsche den Rhythmus.

Beispiel:

2. Zeichne die fehlenden Taktstriche ein.

KURZ UND KNAPP IM 2/4-TAKT (2/2)

Ergänze die Takte mit 4 verschiedenen Möglichkeiten.

IM RICHTIGEN TAKT?

Teste dein Taktgefühl. Welche Takte gehören zusammen? Trage jeweils 2/4, 3/4 oder 4/4 in die Notenlinien ein. Kreise sie mit der gleichen Farbe ein.

KOPIERVORLAGEN FÜR DIE TAFEL

DIE NOTEN C UND D

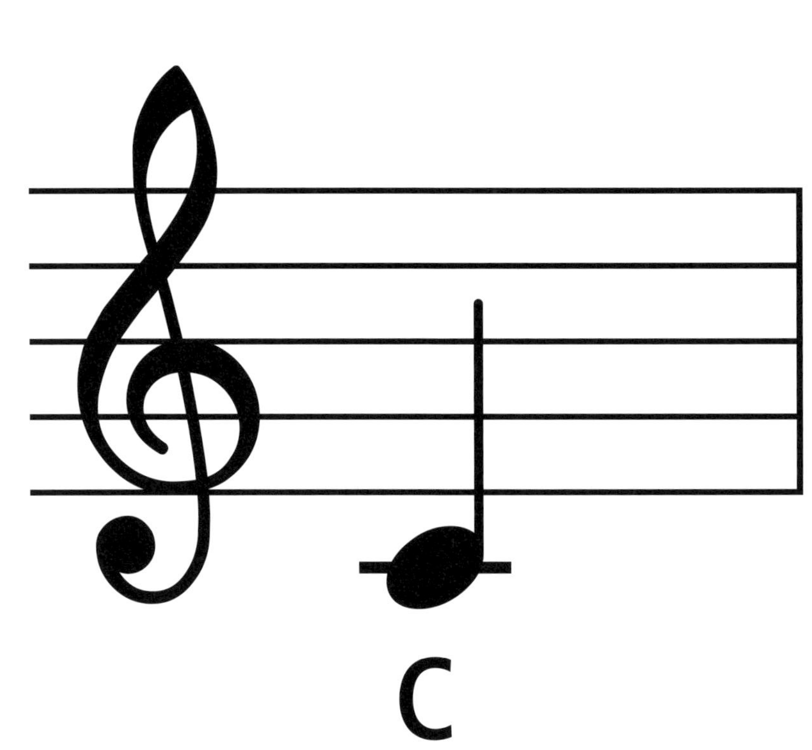

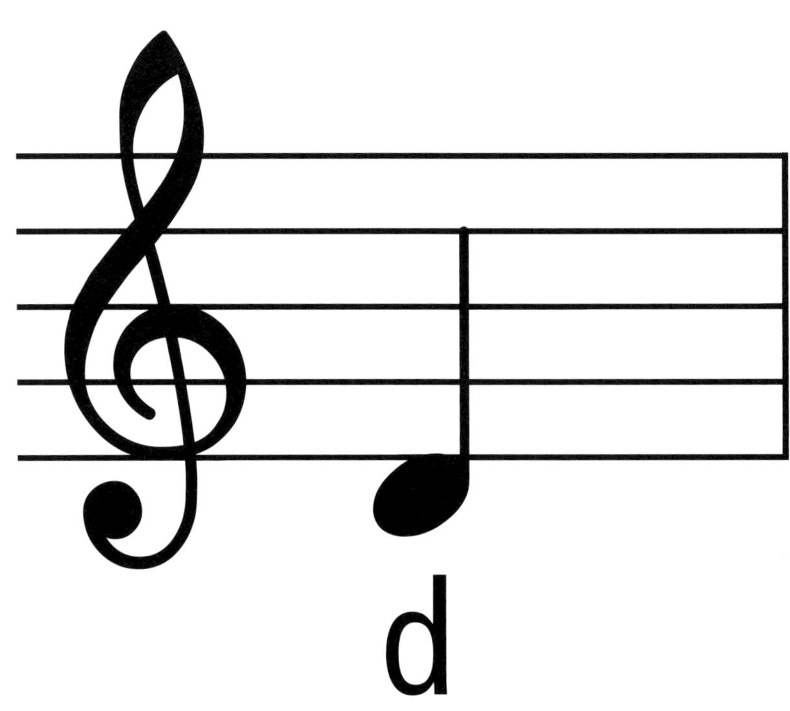

DIE NOTEN E UND F

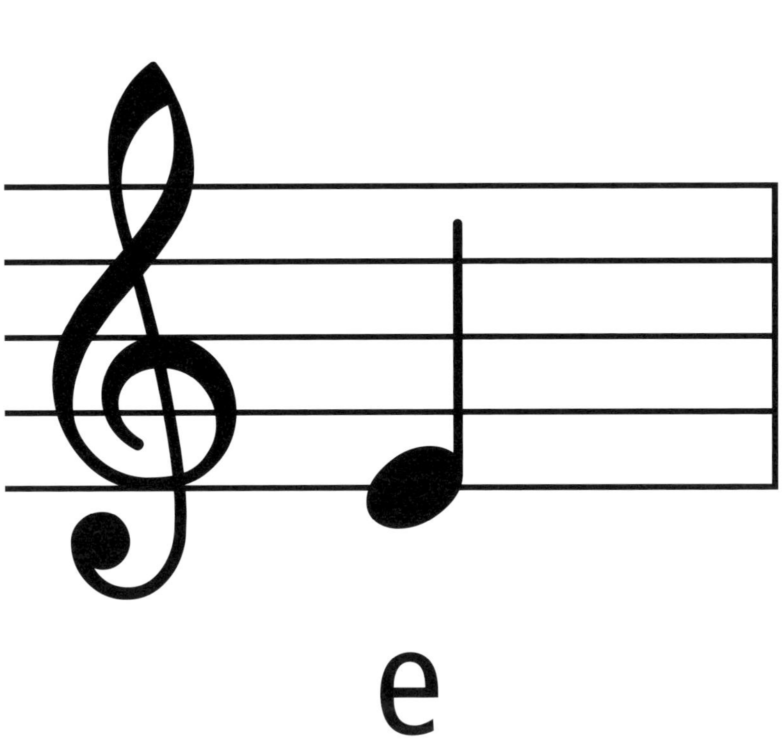

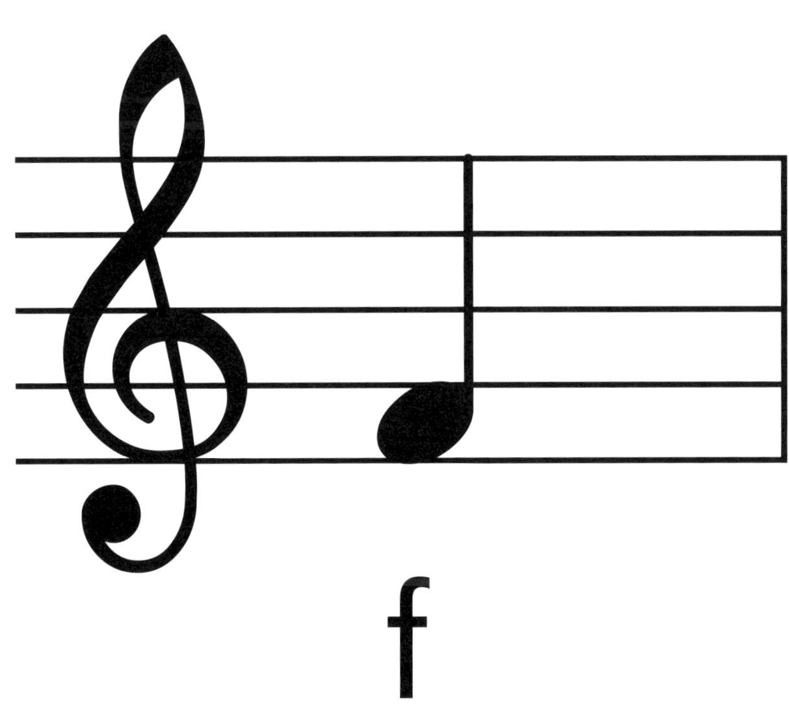

DIE NOTEN G UND A

g

a

DIE NOTEN H UND C

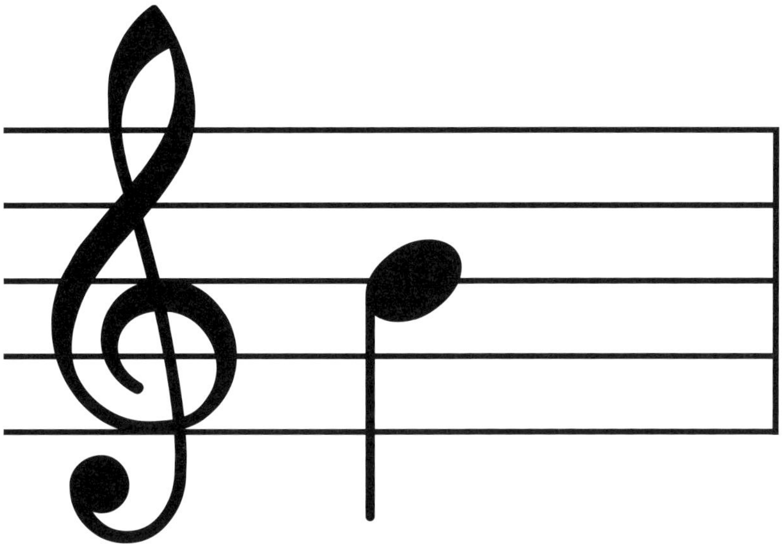

h

c

DIE NOTENWERTE

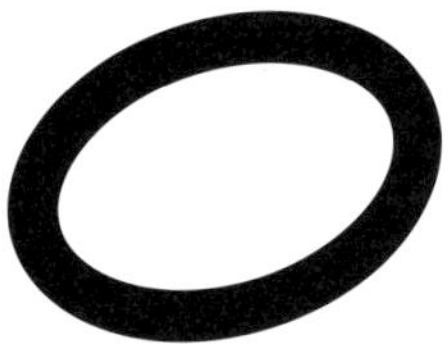

ganze Note	halbe Note
Viertelnote	Achtelnote

DIE PAUSENWERTE

ganze Pause	halbe Pause
Viertelpause	Achtelpause

DIE TONLEITER

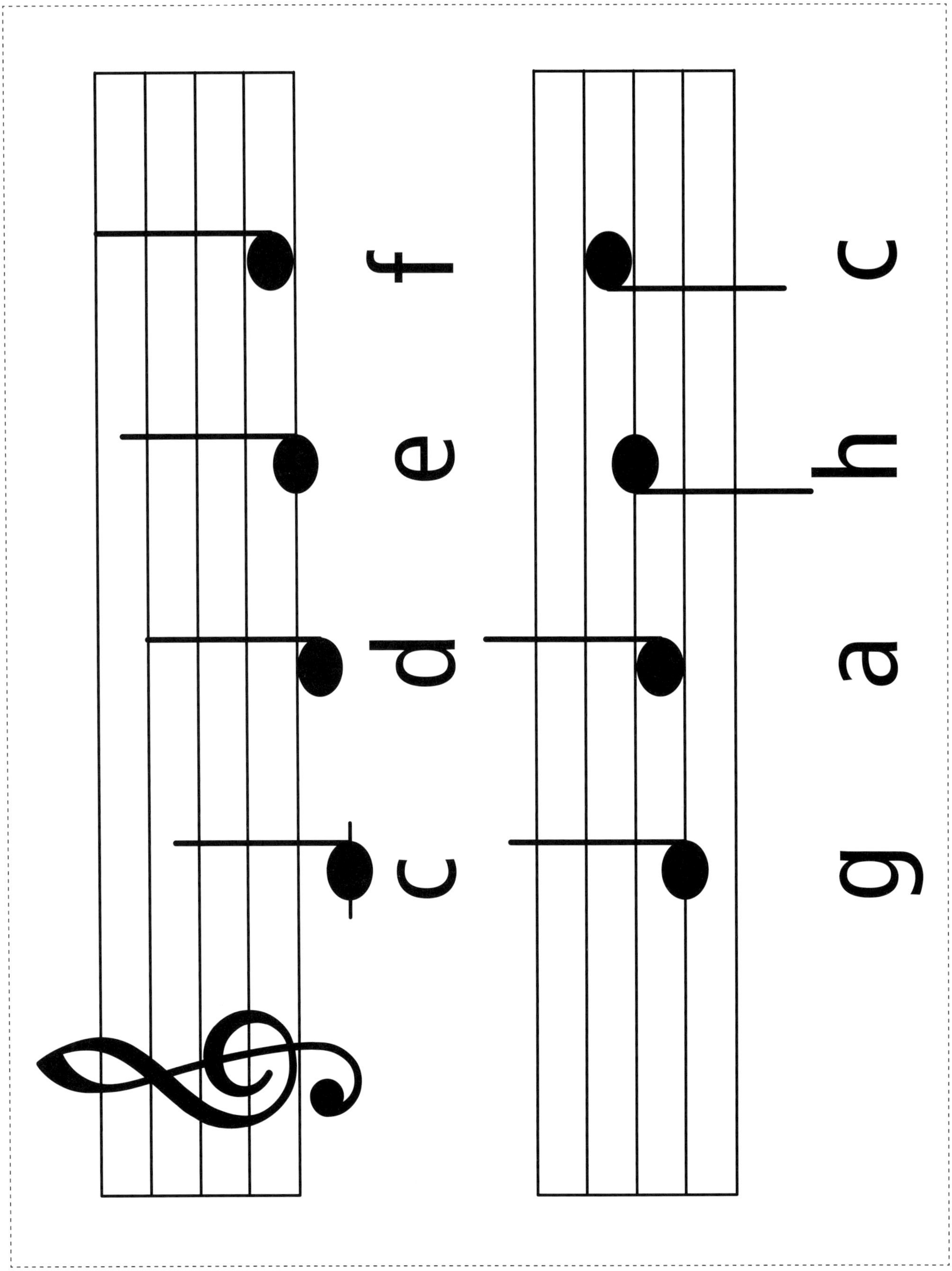

c d e f

g a h c

LÖSUNGEN

LÖSUNGEN

Auf die Länge kommt es an ➜ Seite 8

1. Male die Dauer der Schläge farbig an.

		1	2	3	4
Ganze Note	4 Schläge	●	●	●	●
Halbe Note	2 Schläge	●	●	○	○
Viertelnote	1 Schlag	●	○	○	○
Achtelnote	½ Schlag	◐	○	○	○

2. Ergänze die Sätze.

a) Eine Achtelnote erkenne ich am Fähnchen.

b) Eine ganze Note hat keinen Hals.

c) Eine Viertelnote und eine Achtelnote haben einen ausgefüllten Kopf.

d) Eine halbe Note hat zwar einen Hals, aber einen „leeren" Kopf.

Tiere im Rhythmus (1/2) ➜ Seite 9

1. Ordne die Tiere den richtigen Bausteinen zu. Verbinde.

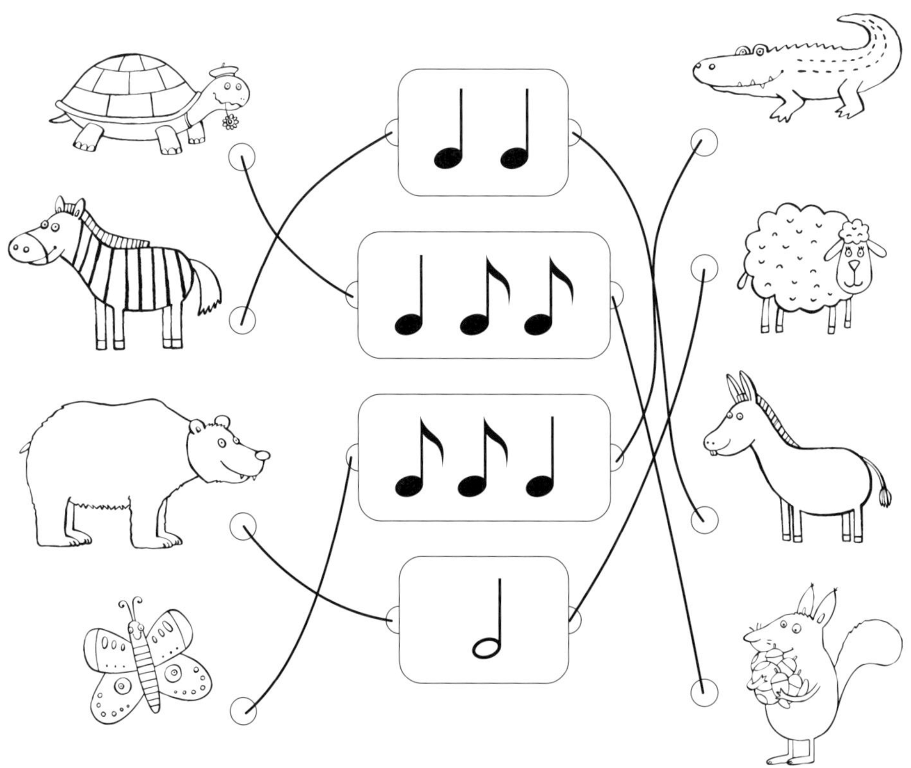

LÖSUNGEN

Tiere im Rhythmus (2/2) ➜ Seite 10

Schreibe den Rhythmus zu den Tieren.

Hänschens Bruder und der Kuckuck ➜ Seite 11

LÖSUNGEN

Genau auf der Linie: die Note g ➜ Seite 16

2. Suche alle g-Noten. Umrande sie farbig.

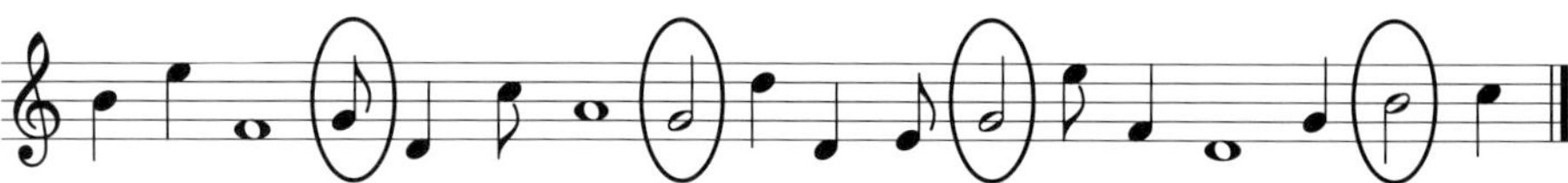

3. Kreise alle g-Noten ein.

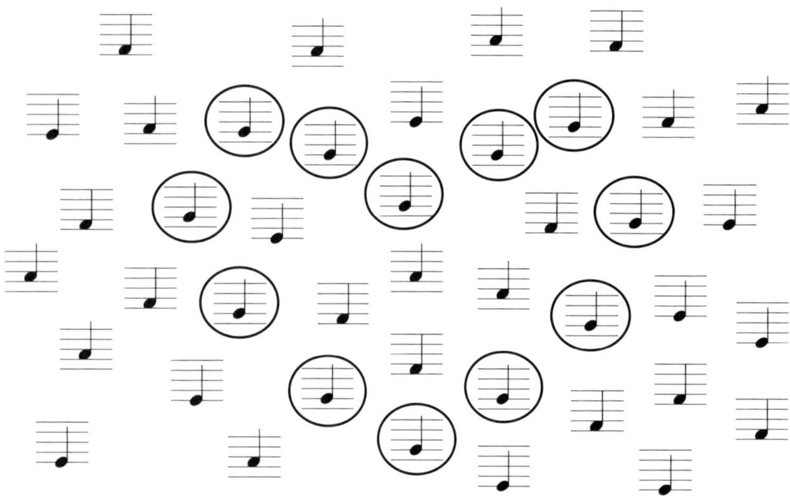

Es ergibt sich ein Herz.

Aha! Die Note a ➜ Seite 17

2. Welches Instrument spielt der Hase am liebsten? Welches der Igel? Verfolge die g- und die a-Noten.

Der Hase spielt Geige.

Der Igel spielt Klavier.

Hoch oder tief? Genau in der Mitte: die Note h ➜ Seite 18

2. Kreise alle h-Noten ein.

LÖSUNGEN

3. **Welche Note fehlt jeweils?**
   Benenne die Noten und male die fehlende Note.

In der ersten Zeile fehlt der Ton a.
In der zweiten Zeile fehlt der Ton g.
In der dritten Zeile fehlt der Ton h.

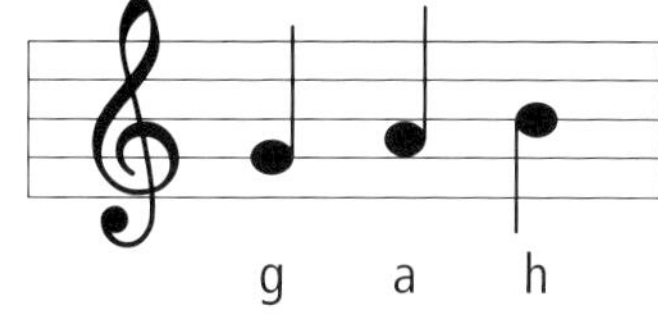

Mit Charme nach oben: die Note c ➜ Seite 19

2. **Löse das Sudoku. In jedem Kästchen und in jeder Reihe muss jede Note einmal vertreten sein: g, a, h und c.**

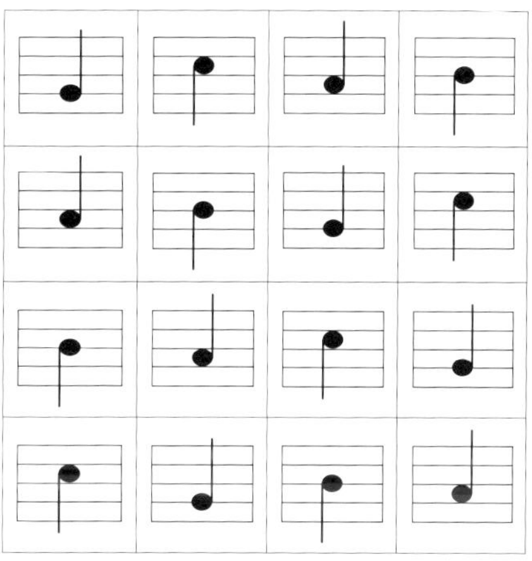

Flach auf dem Boden: die Note f ➜ Seite 20

2. **Finde den Weg durch den Wald, indem du der Beschreibung folgst.**
   a) Folge den Noten: h – g – g – a – c – f – f – g

Illustrationen: Anja Boretzki

LÖSUNGEN

Ehe es nach unten geht: die Note e ➜ Seite 21

2. Geheimcode: Löse die Rätselwörter, indem du die richtigen Buchstaben unter die Noten setzt.

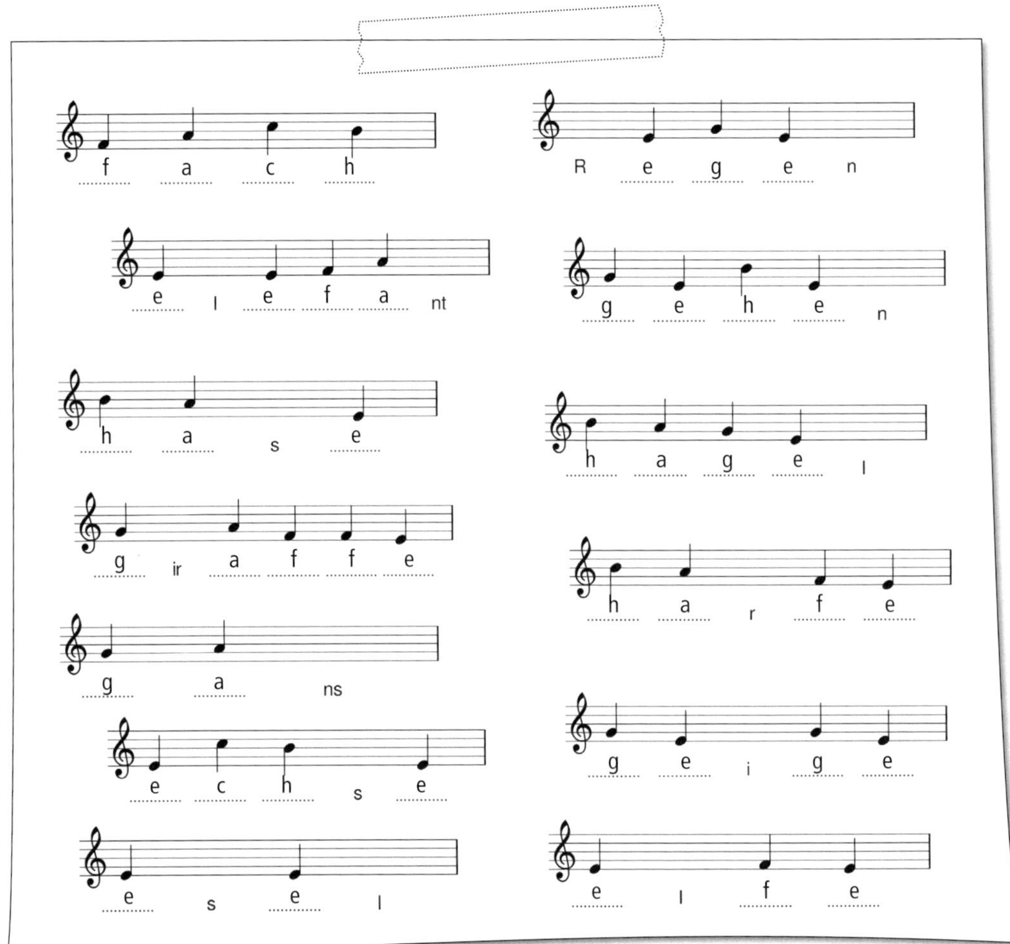

Lösungswörter

linke Spalte:

Fach
Elefant
Hase
Giraffe
Gans
Echse
Esel

rechte Spalte:

Regen
gehen
Hagel
Harfe
Geige
Elfe

Darunter: die Note d ➜ Seite 22

Notenrätsel: Schreibe die richtigen Noten der Reihenfolge nach auf.

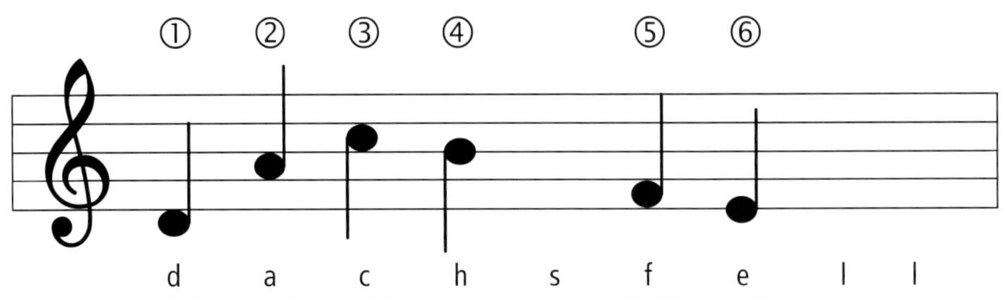

Lösungswort: Dachsfell

LÖSUNGEN

Der Chef sitzt unten: die Note c ➜ Seite 23

2. Summe das Lied. Schreibe die Namen über die Noten.

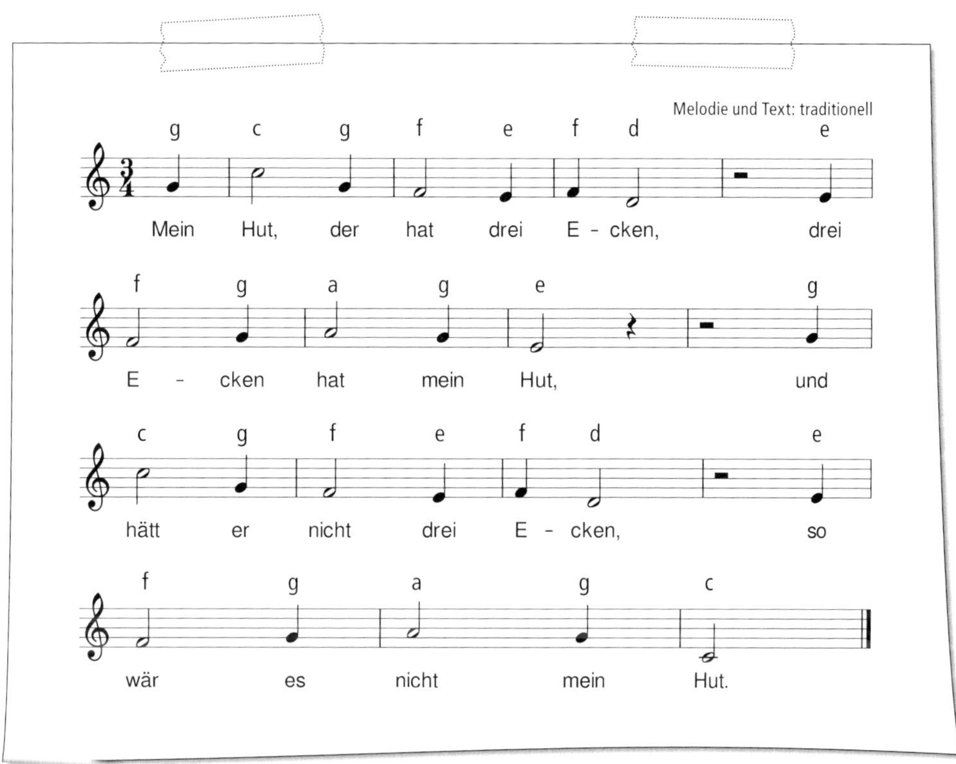

Lücken in der Leiter ➜ Seite 24

Fülle die Lücken in den Tonleitern richtig aus.
Schreibe unter die fehlende Note den richtigen Namen.

1. Zeile: d
2. Zeile: h
3. Zeile: c (tief)
4. Zeile: g
5. Zeile: c (hoch)

LÖSUNGEN

Spannende Dreiecke: Noten-Triomino ➜ Seite 25

Schneide die Dreiecke aus.
Lege jeweils den passenden Namen zur Note.

Logische Noten-Logicals ➜ Seite 26

Löse die beiden Rätsel.

Rätsel 1:    

Rätsel 2:    

LÖSUNGEN

Aller Anfang ist nicht schwer ➜ Seite 27

1. **Kennst du die Lieder?**
   Trage die richtigen Nummern in die Kreise ein.

Das Lied vom kleinen Hänschen ➜ Seite 28

1. **Kreise alle ganzen, halben und Viertelnoten ein.**
2. **Schreibe die Töne unter die Noten.**

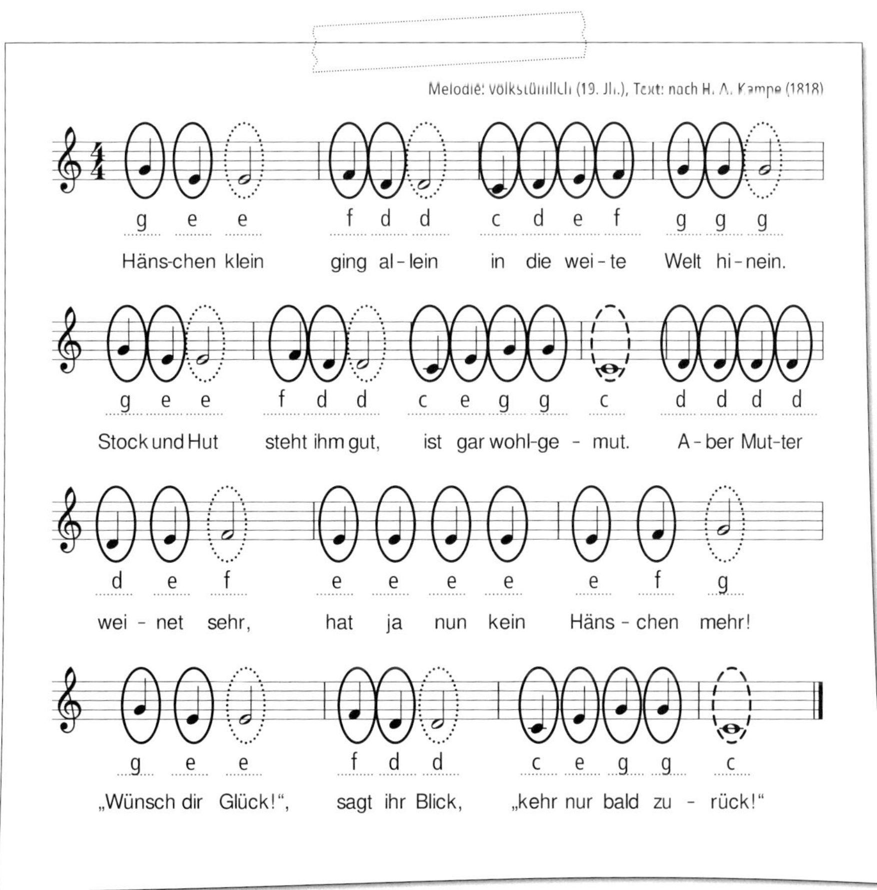

LÖSUNGEN

Rätsel in Geheimschrift ➜ Seite 29

Märchenhafte Rätsel ➜ Seite 30

Schreibe die Namen unter die Noten.
Erkennst du die Märchen? Male die Lösungen mit der gleichen Farbe an.

Das Mädchen schlief hundert Jahre. ➜ Dornröschen
Die zwei Kinder verliefen sich im Wald und kamen zu einem Hexenhaus ➜ Hänsel und Gretel
Sie lebte hinter den sieben Bergen bei den sieben Zwergen. ➜ Schneewittchen

Im Pausenschritt ➜ Seite 32

Welche Katze geht wohin?
Folge den Spuren mit den 4 Pausenzeichen.

Illustrationen: Anja Boretzki

LÖSUNGEN

Alles im 4/4-Takt (1/2) ➜ Seite 36

2. Hier sind die Taktstriche verloren gegangen. Zeichne sie ein.

Alles im 4/4-Takt (2/2) ➜ Seite 37

Welche Noten fehlen in welchem Takt? Verbinde.

Illustrationen: Anja Boretzki

LÖSUNGEN

Schwungvoll im 3/4-Takt (1/2) ➜ Seite 38

2. Ergänze die Takte so, dass sich immer ein 3/4-Takt ergibt.

Beispiele:

Schwungvoll im 3/4-Takt (2/2) ➜ Seite 39

1. Die Katze ist über das Notenblatt gelaufen. Kannst du die Melodie dennoch singen?

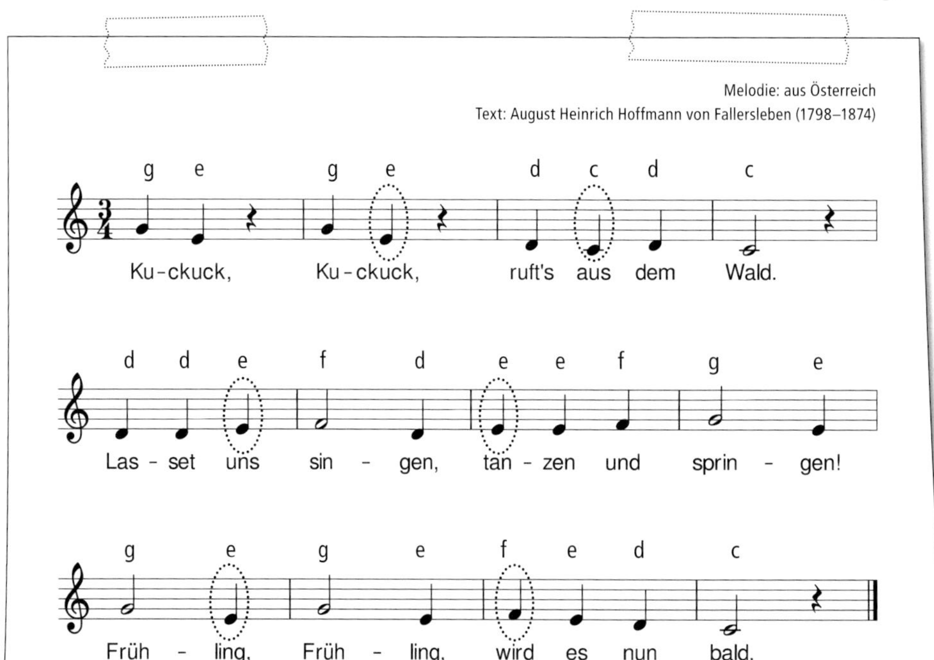

Stift: Anja Boretzki

LÖSUNGEN

Kurz und knapp im 2/4-Takt (1/2) ➜ Seite 40

2. Zeichne die fehlenden Taktstriche ein.

Kurz und knapp im 2/4-Takt (2/2) ➜ Seite 41

Illustrationen: Anja Boretzki

LÖSUNGEN

Im richtigen Takt? ➜ Seite 42

Teste dein Taktgefühl. Welche Takte gehören zusammen?
Trage jeweils 2/4, 3/4 oder 4/4 in die Notenlinien ein.
Kreise sie mit der gleichen Farbe ein.

Illustrationen: Anja Boretzki